北京市属高等学校人才强教计划资助项目
教育部、财政部田径国家级教学团队立项项目

青少年功能性体能训练指导丛书

软梯组合训练

李建臣　主编

人民体育出版社

图书在版编目（CIP）数据

软梯组合训练 / 李建臣主编. —北京：人民体育出版社，2013（2021.1.重印）
（青少年功能性体能训练指导丛书）
ISBN 978-7-5009-4451-5

Ⅰ.①软… Ⅱ.①李… Ⅲ.①青少年-体能-身体训练
Ⅳ.①G808.14

中国版本图书馆 CIP 数据核字（2013）第078438号

*

人民体育出版社出版发行
三河兴达印务有限公司印刷
新　华　书　店　经　销

*

850×1168　32开本　5.25印张　112千字
2013年6月第1版　2021年1月第6次印刷
印数：9,001—11,000册

*

ISBN 978-7-5009-4451-5
定价：29.00元

社址：北京市东城区体育馆路8号（天坛公园东门）
电话：67151482（发行部）　邮编：100061
传真：67151483　邮购：67118491
网址：www.sportspublish.cn
（购买本社图书，如遇有缺损页可与邮购部联系）

编委会

前　言

近年来我国体育事业虽然取得了举世瞩目的辉煌成绩，但青少年的身体素质和健康水平却不容乐观，因此增强青少年体质健康作为全民健身工程的工作重点，不仅关乎为国家培养更多的高水平体育后备人才，更是整体国民素质提高的关键。

无论是在竞技体育还是大众健身领域，体能训练的重要性已经毋庸置疑，软梯组合练习作为现代体能训练手段之一，种类繁多，动作难易程度不一，适用面广，能有效地发展速度、灵敏、力量、协调等身体素质，它对场地要求不高，使用方便快捷，锻炼价值在国内外得到了广泛认可。

作者总结近年来从事田径教学训练的工作经验，利用国内外培训学习的收获，综合多学科理论知识，以软梯为主要手段，根据不同锻炼目的的需要，精心设计了各种以软梯为中心器材开展的练习方法和手段。本书对软梯练习方法做了详细的分类，并配以图片和指导视频，形象直观的呈现给广大读者，希望能为我国广大体育工作者和健身爱好者提供一定的指导与启发，也希望练习者不断创新、举一反三，根据具体情况灵活运用。

本书由李建臣任主编，并由其与2010级研究生张明慧对全书进行了统一串编、修改后定稿。由于作者水平有限，书中难免存在缺点和错误，热忱欢迎广大读者批评指正。

目 录

理论篇

软梯组合训练概述

一、软梯的起源与定义

软梯分为体能训练软梯和实用软梯两种。软梯起源于欧洲，是 19 世纪中期欧洲国家为士兵体能训练而设计的一种器械。软梯是用两根长绳做边，在中间等距离安置长度一致的硬棒做支撑，悬挂于树上或室内，训练士兵的攀爬能力，是现代攀爬软梯的雏形。我国在 19 世纪末从欧洲引进，用于军事体能训练。现代实用软梯是指用尼龙绳或钢丝绳做边，中间用高强树脂管、塑料钢管或圆木做梯架制成的梯子，具有经磨耐用，携带方便，使用安全等优点，用于工程施工、消防安全、野外探险等领域，是高空作业的一种有效工具。

现代体能软梯是指用尼龙绳、塑料管或自画线做成的梯子，一般由 10~30 节，宽 30~50 厘米的正方形连接而成，设计简单，使用材质轻巧，携带方便，被称为“软梯或绳梯”。现代体能训练软梯也被称之为“灵敏梯、敏捷梯”。软梯训练法是运用长度、结构各异的软梯，平铺于室内或室外，通过各种步法和动作的练习，改善和提高运动员的灵敏、协调、速度等身体素质的训练方法。20 世纪末，国家体育总局从国外引进了大量的现代体能训练方法，软梯训练法是其中最常见的一种，以步法训练为主，训练方法新颖、趣味性强、种类繁多、动作难度层次分明，无论是在竞技体育、学校体育还是大众健身领域，软梯训练方法都值得广泛推广，特别是在发展和改善青少年身体素质方面具有很高的应用价值。

二、软梯训练的理论基础

（一）软梯训练的神经—肌肉系统工作特点

软梯属于速度、灵敏性的训练手段，反应速度主要取决于感觉器官与神经肌肉系统的协调关系。灵敏性和动作速度素质的发展是以大脑皮质神经的分析综合能力的高度发展为前提，在复杂的环境中，运动员对时间和空间的准确把握与大脑皮质的神经兴奋与抑制转换有密切的关系，同时受制于神经—肌肉之间的协调性，也就是说只有在大脑皮质的灵活性与分析综合能力好、兴奋与抑制转换快的情况下，机体才能做出准确的判断和敏捷的反应。完成软梯快速多变的移动步伐，神经中枢需要调动相应的肌群协调工作参与运动，腿部肌肉主动收缩和地面反作用力的影响产生力的方向，手臂与核心部位肌肉维持身体稳定，最终协调配合完成高质量的移动步伐。

（二）能量供应特点

从运动生理学角度分析，人体运动的三大供能系统为磷酸原系统（ATP-CP）、无氧供能系统和有氧供能系统，由于肌肉收缩的强度和时间不同，依靠的供能系统也有所差异。软梯组合练习以短暂、快速的肌肉力量和灵敏的步伐完成移动技术，一般持续5~10秒，主要依靠磷酸原系统（ATP-CP）和无氧系统结合供能，需要运动员以最佳用力方式在短时间内获得最大功率完成动作，因此教练员安排练习时注意控制练习的时间和负荷，以达到最佳的练习效果。

（三）软梯的生物力学基础分析

软梯步伐训练需要不断地重复急停——加速这一过程。人体在运动的过程中，受地面反作用力条件下重心的不断变化和肌肉收缩产生的内力，控制移动方向、速度，以维持运动时身体的姿势。人体是一个相互联系的运动链条，在完成某个动作技术时，各构成要素之间相互支配和制约以达到一定的技术要求，就必须通过肢体与躯干的肌肉和关节的协同工作来实现。运动链上的每个环节都具有特定的作用，身体核心部位的稳定、上下肢的协调配合在完成技术中起到重要的作用，合理有效的摆臂可以增大重力势能加速重心移动。相反，错误的摆臂技术势必会造成速度的损失，降低动作完成质量。

（四）软梯技术动作形成过程

一个完整的技术动作是由单个动作及其要素特殊关联构成。由于动作技能具有迁移性，单个动作的要素间存在各式各样的联系，随着练习次数的增加，相关的神经突触反复应用，刺激阈值逐渐降低，运动员掌握的运动技能越多，熟练程度越高。反复的练习，使动作逐渐达到自动化程度，运动员不需要思考就可以完成，例如，一名优秀的足球运动员在比赛时考虑的是战术问题，而对于如何控制脚下的球，不再需要意识参与。软梯组合训练方法中包括多种项目的步伐模拟练习，通过强化性的练习，从而达到自动化的程度，在运动中表现得灵活、省力，为比赛中应对变幻莫测的情况打下基础。

三、软梯组合训练的功能

软梯训练法需要运动员具有良好的感觉机能，如对视、听、位和本体感觉等具有高度的敏感性，在瞬间完成反应、预测和决策。软梯训练法不是以改变外表肌肉体积和形状为目的，而是通过激活参与运动的神经肌肉细胞，改善神经肌肉系统协调性和灵敏性，以及身体的感知觉能力和对重心的控制能力，对提高运动能力、预防运动损伤都具有一定的作用。

（一）改善和提高运动员的灵敏、速度素质

灵敏素质是指人体在突然变换环境的条件下，为适应外界环境的变化，迅速改变自己身体活动的能力。灵敏素质在体能中具有相当重要的作用和地位，它是其他各项身体素质在运动中的综合体现，而平衡能力及速度、力量和协调能力的高低是衡量灵敏性水平的关键因素。软梯训练法一个最显著的特点，就是通过速度和方向的不断变化产生身体重心的移动，完全符合灵敏素质训练的机理。软梯的各种步法训练能够帮助运动员发挥最大速度和控制力，减少运动中能量的浪费和不必要的动作，达到“节省化”效率，发展下肢移动步伐的灵敏性。尤其

重要的是，教练员注意在固定的步法训练中加入无规律的选择性刺激因素，使之更接近实际比赛情景，提高运动员的专项感知决策能力，发展其随机灵敏素质。

（二）对爆发力的作用

爆发力又称快速力量，是指在短时间内产生力量的能力，是运动员竞技能力中最重要的部分，与人体的形态结构，以及能量代谢和神经系统的控制有密切的联系。爆发力的提高是建立在神经—肌肉工作方式与机能协调发展途径上的，通过肌肉的快速拉长—收缩训练提高运动员的爆发力，而高强度、大剂量的力量训练只是增加力量和肌肉块，而非技能。软梯训练中涉及到大量的反应性力量练习，将脚步移动速度和快速爆发式反应性练习结合起来。快速反应性练习首先应该从训练神经—肌肉感觉开始，以形成良好的神经肌肉控制能力，而通过本体感觉系统的训练对加强小肌肉群力量会更加有效。

（三）对平衡、协调性的作用

人体的平衡能力分为静态稳定性和动态稳定性两种。静态稳定是对姿势和平衡的控制能力。动态稳定性是维持动作的产生和控制动作产生过程中身体维持特定方向的平衡能力。躯干核心部位的力量对维持身体平衡、控制重心转移发挥着重要的作用。软梯组合的多种练习步伐要求在动态移动中维持身体平衡姿态，通过反复练习帮助运动员建立动态移动中身体重心的位置，从而达到在实践中运用的要求。

（四）理想的准备活动手段

进行训练前的基本原则——安排一些低强度的热身活动，在短时间内提高肌肉温度和弹性，降低肌肉黏滞性，提高运动员神经肌肉的兴奋性。运动前的热身，不仅仅是身体能量的激活，还有思想和注意力的激活，只有运动员在身体和心理上做好准备，训练才能取得最佳的效果，特别是速度、灵敏、爆发力的训练。软梯训练方法既可以作为一般性的练习，通过强化关节和小肌肉群的运动能力，改善本体感觉能力，提高在高速运动中身体维持平衡的能力，控制关节的细微活动，预防运动损伤，也可以作为专项准备活动练习，选择与专项活动相似的方法手段，为运动员的专项技术训练做准备，帮助建立与专项技术相关的神经系统，保证肌肉完成更大强度的专项训练。

（五）对发展青少年身体素质的作用

神经系统是人体发育最早、最快的系统，了解发展身体素质的敏感期，针对青少年不同年龄阶段特点进行身体素质训练有重要的促进作用。8~13 岁是灵敏速度训练的最佳时期，反应速度、动作速度、移动速度的发展都达到第一个高峰期，身体发育旺盛，神经系统灵活，适应性和模仿能力强，有很大的可塑性，是进行身体素质训练的关键时期，此阶段进行素质的练习能达到事半功倍的效果。软梯组合练习富有挑战性、趣味性和竞争性，练习方法千变万化。软梯组合的练习形式能有效激发青少年的锻炼兴趣，有效促进身体机能的发展，使青少年在轻松愉快的氛围中增强身体素质。

四、软梯组合训练的方法和器材

（一）软梯组合训练方法的分类

按动作结构分为跑动类、跳跃类、跑跳结合类、上肢类，以及负重移动步法。

按运动方向分为正向、背向、侧向。

（二）软梯训练的器材

由于练习人群身体素质和训练目的不同，为适应不同水平、专项和年龄阶段的练习者，软梯器材的规格和种类也不尽相同，因此在开始训练前要对软梯使用的规格进行选择。灵敏性训练选取最长距离为 25~35 米，主要目标是提高快速起动和急停变向的能力，一旦练习者感到疲劳，脚下步法就会变得黏滞，训练效果就会受到影响。软梯的使用长度应依据练习者以最快速度顺利完成整个过程为基础，若完成过程中脚步移动的速度有明显的下降，教练员就应调整软梯的距离，也可根据需要做不同形状和距离的调整。在资金条件不允许的情况下，教练员也可动手自制软梯。

在使用辅助器材时要特别注意，软梯属于激发练习者速度和爆发力的器材，需要在最短时间内完成动作，一般选择阻力小的辅助器材。例如，磅数较小的弹力带或哑铃，教练员根据具体情况灵活运用。

单幅：7、10、15、20、35（格）。
组合软梯：两副、多边形（两幅以上）。
自制：布条、胶布、软绳、画制。
辅助器材：标志物、弹力带、小栏架等。

五、软梯训练过程控制

（一）训练时间选择

软梯训练对运动员的神经中枢的兴奋性要求较高，需要将训练课安排在课的前半部分，在运动员体力和精力充沛的条件下进行练习，提高主动肌和拮抗肌的收缩与放松协调工作的能力。运动员在疲劳状态下，神经兴奋性低，注意力不集中，训练强度自然无法达到应有的水平，且容易造成运动损伤。

（二）训练负荷安排

作为一种速度和爆发力训练的器械，软梯训练的总次数由运动员的经验水平和训练时间共同决定。练习中的移动速度和爆发力决定了练习强度，训练一般在 90%的强度进行，单个动作练习过程的训练时间控制在 10~20 秒。由于运动员很难在所有的训练中始终保持极限速度和爆发力，因此，要保证训练的效果，训练程度以中等或中等偏上为宜。例如，一个练习做 5 次，总的训练量就在 50 秒左右，要求心率达到 150~80 次 / 秒，运动员完成动作既轻松又协调。

在软梯训练中恢复是至关重要的。休息多长时间取决于训练持续时间和练习方法手段的类型，没有具体的时间限制，一般地讲练习时间与休息时间可为1:3，以保障氧气的补充和肌肉中高能物质的再合成。恢复时间不够，血乳酸的堆积将会导致爆发力的缺失，影响训练质量和数量。但休息时间过长又会使神经系统的兴奋性下降，软梯训练要求运动员在注意力高度集中的状态下进行，所以训练的时间要严格控制。可按以下原则进行训练：

（1）时间：10~20分钟。

（2）间歇：完全恢复或基本恢复，组间休息时间为1~2分钟。

（3）次数：1~2，每次选择4~6种的训练方法。

（三）软梯训练注意事项

1. 选择多样化训练手段

灵敏、协调素质是由大脑皮质神经过程的灵活性决定的，单一的刺激容易疲劳，且注意力容易下降。为避免练习者产生厌倦情绪，应在初学者和少年儿童的训练中融入游戏元素，激发他们的练习兴趣。

2. 避免过度紧张

过度的紧张或恐惧都会导致肌肉僵硬、反应迟钝、动作协调性下降，影响训练效果。练习中应将注意力集中在完成动作的过程中，这样可以使全身的神经和肌肉协调工作，达到训练最佳效果。

3. 重视拉伸练习

拉伸练习能够有效改善关节组织的灵活性，满足关节肌肉在动态运动中不同方向变化的需要，特别是动态的有针对性的拉伸练习。

4. 强调技术动作正确性

注重练习质量而不是数量，教练员通过语言、动作或声音的提示要求练习者，在不降低动作质量的前提下提高动作的速率，保证练习对神经肌肉系统的刺激效率。正确技术动作是后期训练效果和防止运动损伤的前提。

5. 循序渐进

循序渐进性是训练方法从易到难，训练数量、强度逐渐递增的过程。对于初学者要选择负荷和动作难度较小的动作，逐渐过渡到复合型的练习。

6. 注重个性化的差异

软梯的训练方法手段应根据练习者的生理和心理特点有的放矢地进行。

（四）安全因素

尽管软梯训练方法相对较安全，但操作不当也会有潜在危险性，如对准备活动不够重视；运动量、运动强度的安排不合理；场地及运动鞋不舒适等。因此，应根据练习者的具体情况安排训练内容，训练时应穿着舒适有弹性的服装，以便在安全的前提下做出高质量的动作。

实践篇

软梯组合练习方法

一、基础方法练习

（一）下肢灵敏性练习

练习 1　小步跑

a b c d

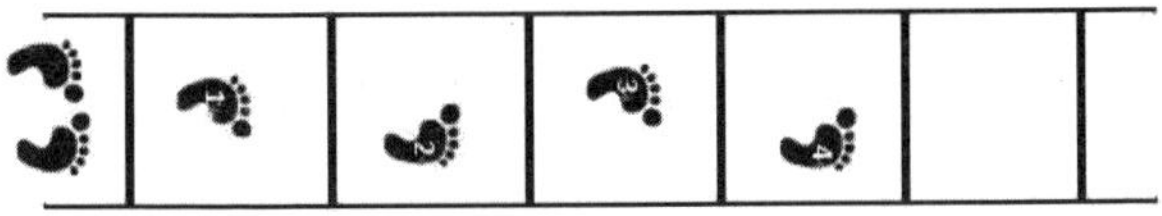

1. 动作难度：小。

2. 训练目的：发展动作速率。

3. 练习方法：正对软梯站立，膝关节微屈，上体略前倾。前脚掌着地，一步一格快速向前跑进，手臂配合前后摆动。

4. 关键点：脚步轻盈，尽可能地减少脚掌与地面接触的时间，控制动作节奏。

5. 拓展动作：反方向、两步一格。

练习 2　侧向小步跑

a

b

c

d

e

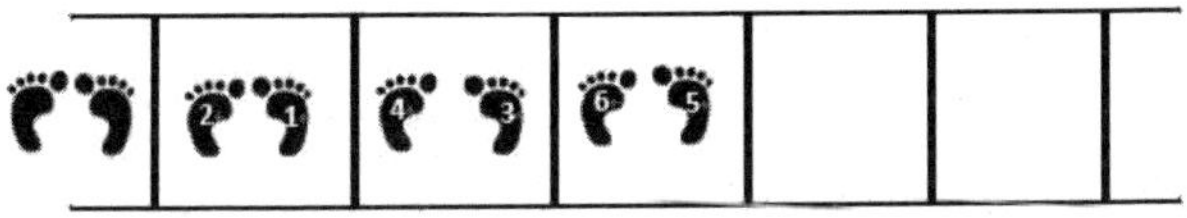

1. 动作难度：小。

2. 训练目的：发展侧向移动的动作速度和灵敏性。

3. 练习方法：侧对梯子站立，上体稍前倾；前脚掌着地，快速平行前移，手臂配合前后摆动；反方向练习。

4. 关键点：尽可能减少脚掌与地面接触的时间，控制动作节奏。

练习 3　急停垫步跑

a

b

c

d

e

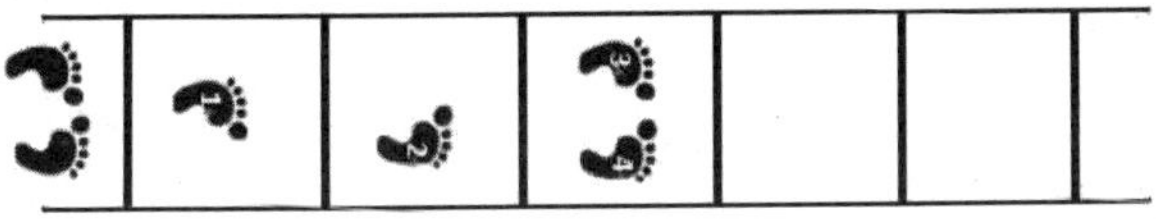

1. 动作难度：小。

2. 训练目的：培养急停加速的能力，发展准确、可控制的移动步法。

3. 练习方法：正对软梯站立；向前跑进两个格子（一步一格），第三个格子垫步两次，手臂配合自然前后摆动。依次循环向前。

4. 关键点：节奏变换明显，尽可能减少脚掌与地面的接触时间。

练习4　高抬腿

a

b

c

d

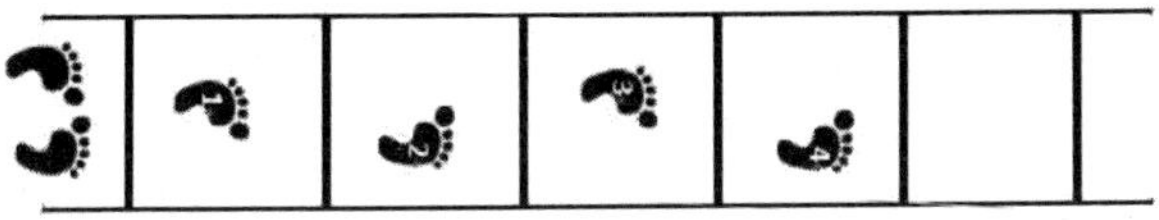

1. 动作难度：小。

2. 训练目的：发展动作速率和大腿屈伸肌力量。

3. 练习方法：正对软梯站立；支撑腿前脚掌蹬地，摆动腿大小腿充分折叠，高抬大腿至 90°，手臂配合前后摆动，髋关节前送，一步一格向前跑进。依次循环向前。

4. 关键点：上体保持正直，摆动腿积极下压，脚掌尽量减少与地面接触的时间。

5. 拓展动作：两步一格。

练习 5　侧向高抬腿

a

b

c

d

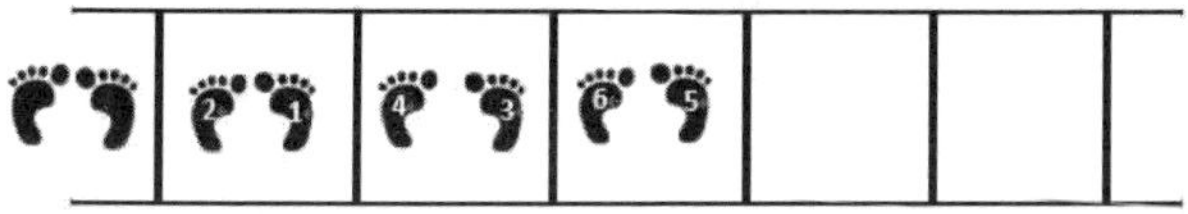

1. 动作难度：小。

2. 训练目的：发展侧向移动动作速率。

3. 练习方法：侧对软梯站立；支撑腿前脚掌蹬地，摆动腿大小腿充分折叠，高抬大腿至90°，手臂配合前后摆动，髋关节前送，两步一格先前跑进。依次循环向前。反方向练习。

4. 关键点：上体保持正直，摆动腿积极下压，脚掌尽量减少与地面接触的时间。

5. 拓展动作：一步一格。

练习 6　垫步高抬腿

a

b

c

d

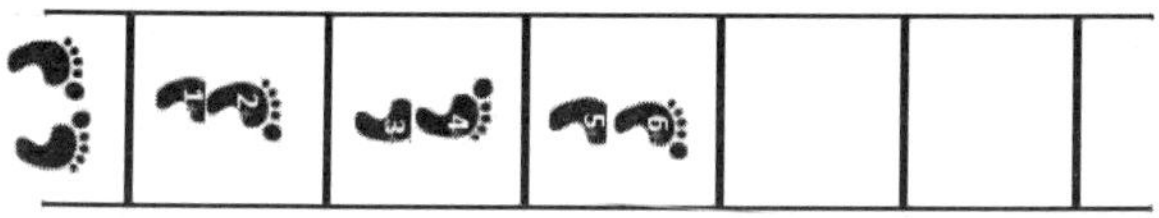

1. 动作难度：小。

2. 训练目的：培养节奏感，发展动作速率和下肢屈伸肌的灵活性。

3. 练习方法：正对软梯站立；摆动腿高抬大小腿充分折叠，同时支撑脚垫步，摆动腿下压到第二个格子；左右腿交替高抬，手臂配合前后摆动；交替循环向前。

4. 关键点：腰背挺直，动作轻松协调。

5. 拓展动作：侧向垫步高抬腿。

练习 7　侧向高抬腿前交叉

a

b

c

d

e

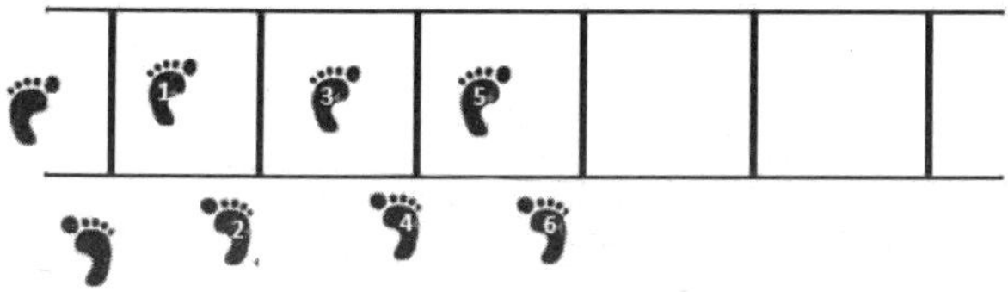

1. 动作难度：中。

2. 训练目的：培养节奏感，发展动作速率，提高大腿屈伸力量。

3. 练习方法：侧对软梯站立；摆动腿高抬，前交叉积极下压，触地瞬间支撑腿边框外跟进前移；手臂配合自然前后摆动，依次循环向前。异侧腿练习。

4. 关键点：下摆快速有力，支撑腿自然跟进，不做高抬。

练习 8　单脚侧跨前移

a

b

c

d

e

f

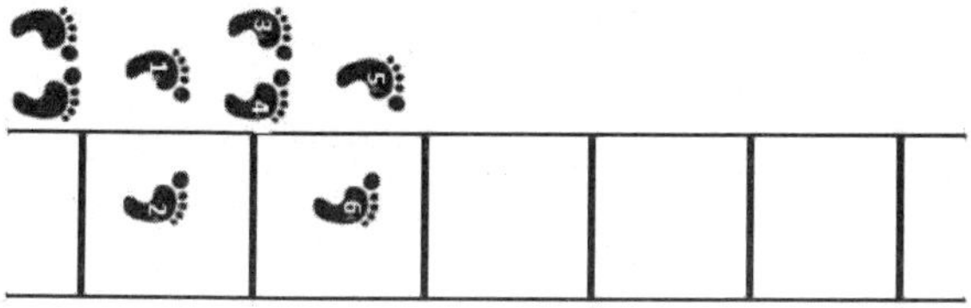

1. 动作难度：中。

2. 训练目的：提高脚步变向起动速度。

3. 练习方法：正对软梯站立在第一个格子的左侧；右脚向右迈步到第一个格子内，触地瞬间，左脚抬起，左脚原地落下，右脚跟进；左脚向前迈步到第二个格子的框外，触地瞬间右脚迈步进入第二个格子，手臂配合前后摆动。依次循环向前。

练习 9　弹力带单脚侧跨步

a

b

c

d

e

f

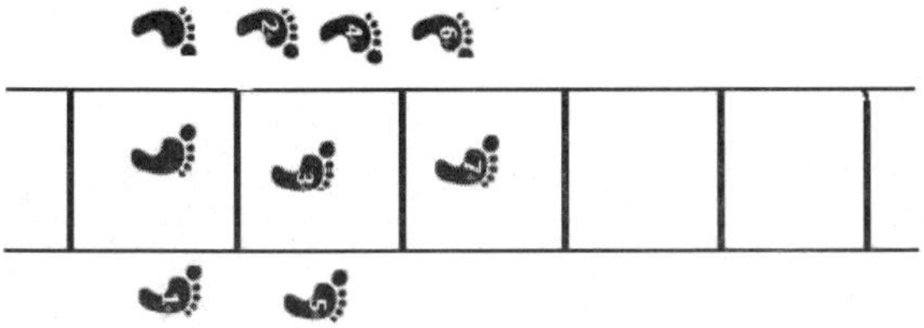

1. 动作难度：中。

2. 训练目的：提高脚步变向起动速度。

3. 练习方法：正对软梯，将弹力带套在脚踝上；膝关节微屈，右脚向右迈步到第一个格子右边框外，触地瞬间左脚垫步，右脚退回到第一个格子内；左脚迈步进入第二个格子左边框外，触地瞬间右脚迈步进入第二个格子右边框外，手臂配合前后摆动。依次循环向前。

4. 关键点：支撑脚蹬地有力，保持身体重心稳定。

练习 10　侧向进退步

a

b

c

d

e

f

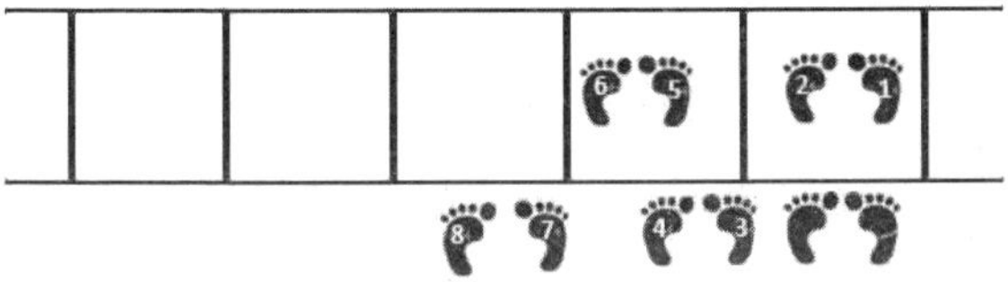

1. 动作难度：中。

2. 训练目的：提高脚步侧向移动的速度。

3. 练习方法：侧对软梯站立；以右脚先行为例，右脚迈步进入第一个格子，左脚迅速跟进；右脚后退，左脚跟进右脚开始迈步入第二个格子。依次循环侧向移动。

练习 11　侧向 Z 形进退步

a

b

c

d

e

f

g

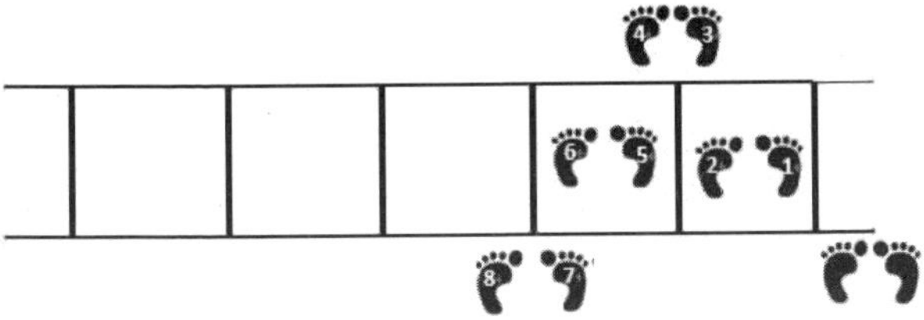

1. 动作难度：中。

2. 训练目的：提高脚步进退移动的速度。

3. 练习方法：侧对软梯站立；以右脚先行为例，右脚迈步进入第一个格子，左脚跟进，右左脚继续向前迈步，到第一个格子的上边框外；右左脚依次后退进入第二个格子，继续后退到第二个格子下边框外，右脚迈步进入第三个格子。依次循环侧向移动。

4. 关键点：应尽可能地减小脚与地面接触的时间。

练习 12　正向框内框外前移

a

b

c

d

e

f

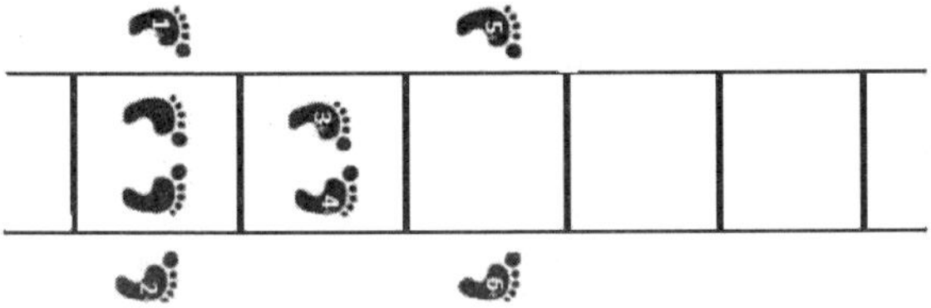

1. 动作难度：中。

2. 训练目的：提高变向速度，增强脚步的灵活性。

3. 练习方法：正对软梯站立；双脚依次迈步右脚移出到右边框外。左脚移出到左边框，触地瞬间，右脚左脚依次迈步进入第二个格子内。依次循环向前。

4. 关键点：左右脚交替前移；整个动作过程要求连贯没有停顿、节奏清晰；脚与地面接触的时间越短越好。

5. 拓展动作：正向框内框外后移；弹力带框内框外前移。

a

b

c

d

练习 13　高抬腿框内框外前移

a

b

c

d

e

f

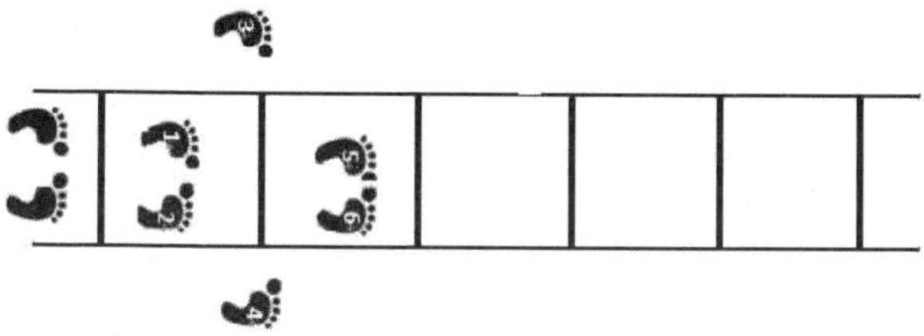

1. 动作难度：中。

2. 训练目的：提高变向移动速度，增加脚步的灵敏性。

3. 练习方法：正对软梯站立；高抬右、左腿进入第一个格子，左脚触地瞬间，右腿高抬迈步到右边框外；高抬左、右腿迈步依次进入第二个格子内，右脚触地瞬间，左腿高抬迈步到左边框外。手臂配合自然摆动，依次循环向前。

4. 关键点：上体保持正直，摆动腿积极下压，脚掌尽量减少与地面接触的时间。

练习 14　滑步前移（两脚出框）

a

b

c

d

e

f

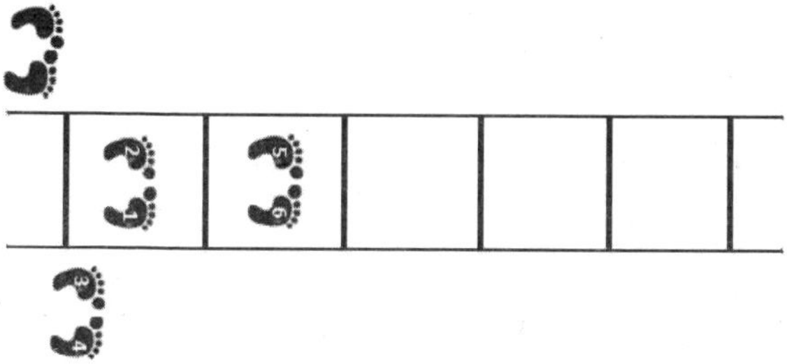

1. 动作难度：中。

2. 训练目的：发展移动变向的脚步速度。

3. 练习方法：正对软梯站立在第一个格子左侧；双脚依次进入第一个格子，触地瞬间右脚、左脚依次移出到右边框外；左脚起动依次迈步进入下一个框内。循环向前。

4. 关键点：应尽可能的减小脚与地面接触的时间。

练习 15　滑步后移（两脚出框）

a

b

c

d

e

f

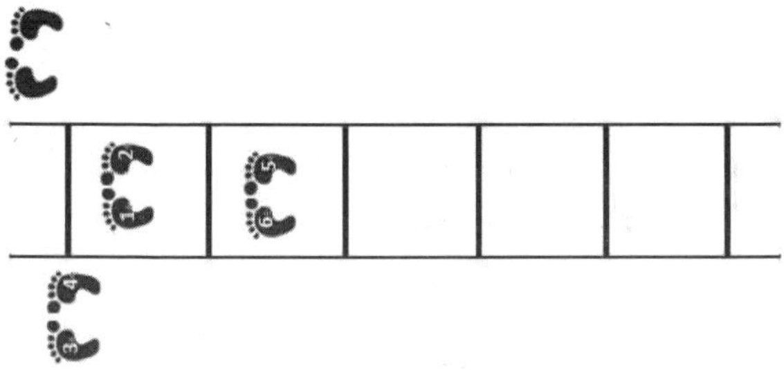

1. 动作难度：中。

2. 训练目的：发展后退变向速度。

3. 练习方法：背对软梯站立在第一个格子右侧；双脚依次进入第一个格子，触地瞬间右脚、左脚依次移出到左边框外；右脚左脚依次迈步进入下一个框内。循环向前。

4. 关键点：整个动作过程要求连贯不停顿，避免不均衡发展，左右脚交替先行。

练习 16　滑步单脚支撑

a

b

c

d

e

f

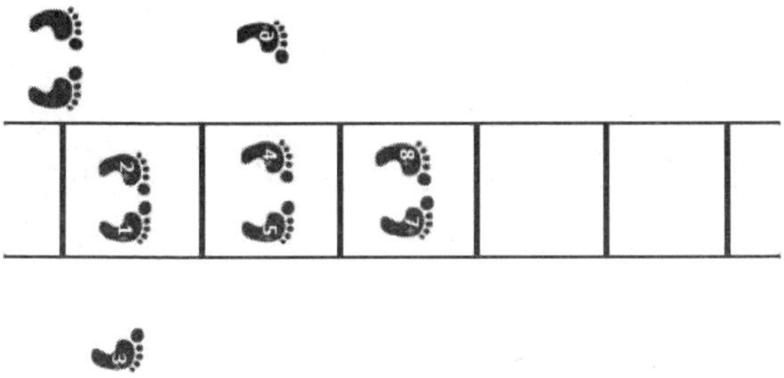

1. 动作难度：中。

2. 训练目的：发展横向移动单脚支撑的稳定性。

3. 练习方法：正对软梯在第一个格子左侧站立；双脚依次进入第一个格子，触地瞬间右脚移出到右边框外，单脚支撑，左脚悬空，稳定身体重心后右脚蹬地，左脚右脚依次进入下一个格子内。循环向前。

4. 关键点：单脚支撑平衡稳定身体重心。

练习 17　滑步单脚前移

a

b

c

d

e

f

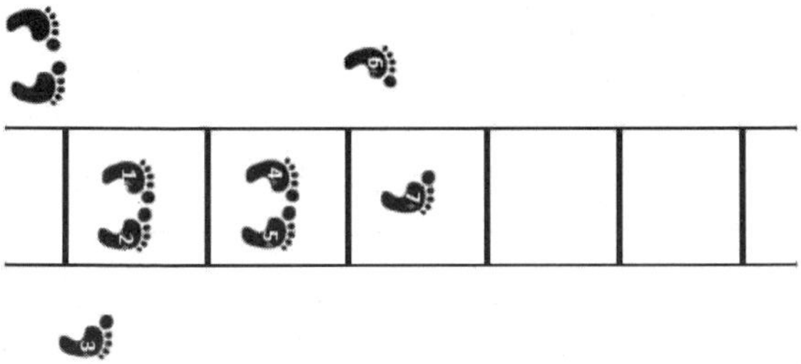

1. 动作难度：中。

2. 训练目的：发展移动速度和灵敏性。

3. 练习方法：正对软梯站在第一个格子的左侧；右脚左脚依次迈步进入第一个格子，左脚触地瞬间右脚迈步到右边框外，左脚向前迈步到第二个格子内，右脚跟进；左脚移出到左边框，右脚向前迈步到第三个格子内，左脚跟进。依次循环向前。

4. 关键点：膝关节始终保持微屈，尽可能的缩短脚步与地面接触的时间。

练习 18　滑步单脚后移

a

b

c

d

e

f

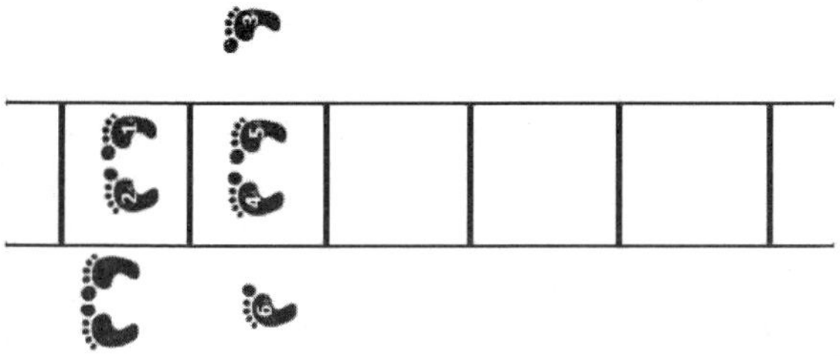

1. 动作难度：中。

2. 训练目的：发展移动速度和灵敏性。

3. 练习方法：背对软梯站在第一个格子的左侧；左右脚依次迈步进入第一个格子，左脚触地瞬间右脚迈步到右边框外，左脚后退到第二个格子内，右脚跟进；左脚移出到左边框，右脚后退到第三个格子内，左脚跟进。依次循环向前。

4. 关键点：强调屈膝降低身体重心，前脚掌着地；初学者应放慢速度，先要掌握正确的路线，熟悉后逐渐加快动作速度。

练习 19　弹力带单脚滑步前移

a

b

c

d

e

f

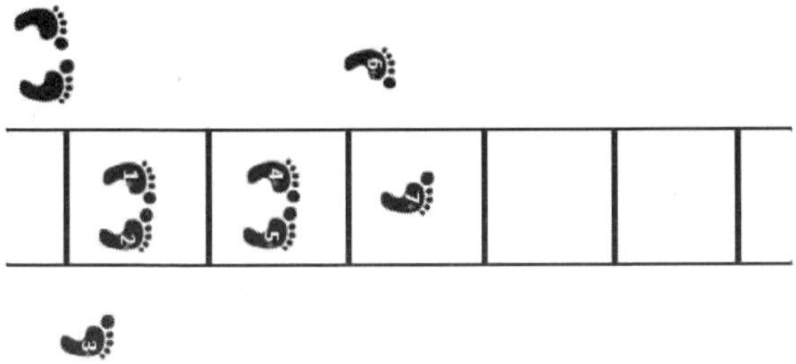

1. 动作难度：中。

2. 训练目的：发展移动速度和灵敏性。

3. 练习方法：正对软梯将弹力带固定在脚踝上；右脚迈步到第一格子的右边框外，触地瞬间左脚向前迈步到第二个格子内，右脚跟进；左脚移出到左边框，右脚向前迈步到第三个格子内，左脚跟进。依次循环向前。

4. 关键点：初学者必须在掌握基础练习手段后使用，并选择阻力较小的弹力带。

练习 20　弹力带侧向移动

a

b

c

d

e

f

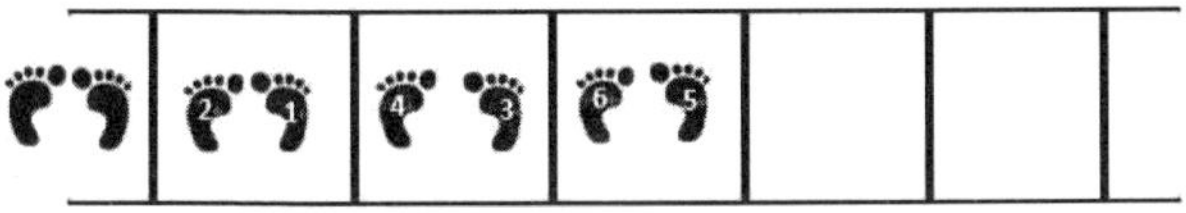

1. 动作难度：小。

2. 训练目的：发展侧向移动速度和灵敏性。

3. 练习方法：侧对梯子站立，将弹力带固定在脚踝上，膝关节屈曲 130°，上体略前倾；前脚掌着地，一步一格快速平行侧移，手臂配合前后摆动。反方向练习。

4. 关键点：上体保持正直，膝关节始终保持屈曲，尽可能减少脚掌与地面接触的时间，并控制动作节奏。

练习 21　内跨步

a　b　c　d

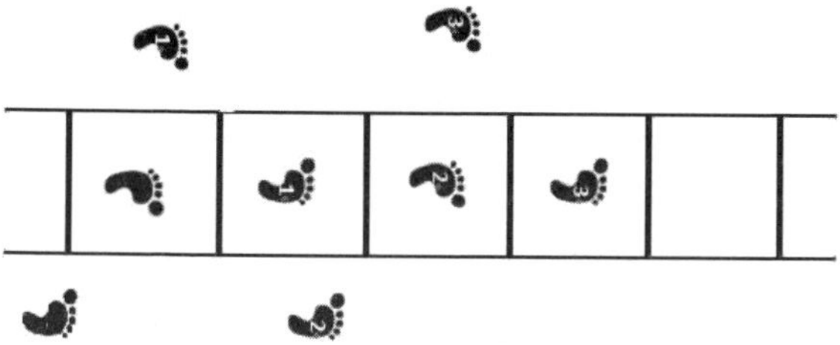

1. 动作难度：小。

2. 训练目的：提高身体的协调、灵敏性，发展下肢爆发力。

3. 练习方法：正对软梯，两脚前后开立，左脚在格子内，右脚在格子右后方，成弓步；双脚同时用力蹬地向左前方跳起，右脚落入下一个格子，左脚留在格子的后方，成“人”形依次循环向前。

4. 关键点：初学者应放慢速度，不低头，适应以后逐渐增加速度，最终以自己最大速度进行练习。

5. 拓展动作：内跨步向后跳。

练习 22　弹力带内跨步向后跳

a

b

c

d

e

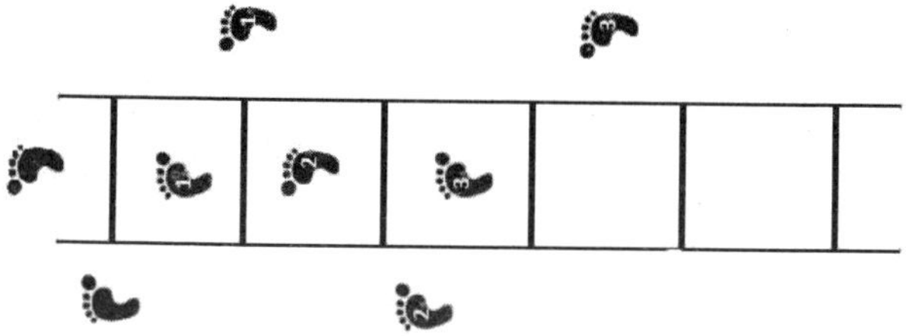

1. 动作难度：大。

2. 训练目的：提高身体的协调、灵敏性，发展下肢后群肌肉的爆发力。

3. 练习方法：背对软梯，将弹力带固定在脚踝上，右脚在格子内，左脚在格子左后方，成弓步；双脚同时蹬地向右后方，左脚落入下个格子，右脚在格子右后方，成“人”字形依次循环向后。

4. 关键点：开始选择阻力较小的弹力带，逐渐加大后蹬的动作幅度。

5. 拓展动作：弹力带开合跳。

（二）下肢反应性力量练习

练习 23　开合跳

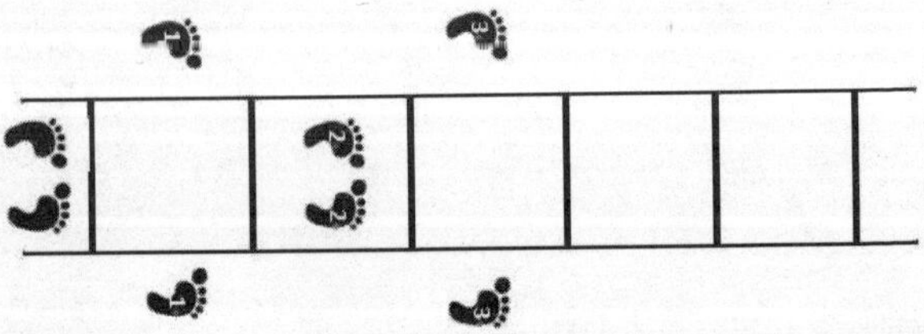

1. 动作难度：小。

2. 训练目的：发展下肢反应性力量。

3. 练习方法：正对软梯，屈肘双手置于体侧；双脚同时蹬地跳起落在第一个格子两侧，成左右开立，触地瞬间跳起双脚合并落在第二个格子内。依次循环向前跳，然后再向后跳。

4. 关键点：上体保持正直，熟练以后逐渐加快速度。

5. 拓展动作：弹力带开合跳

a b c d

练习 24　开合两级跳

a

b

c

d

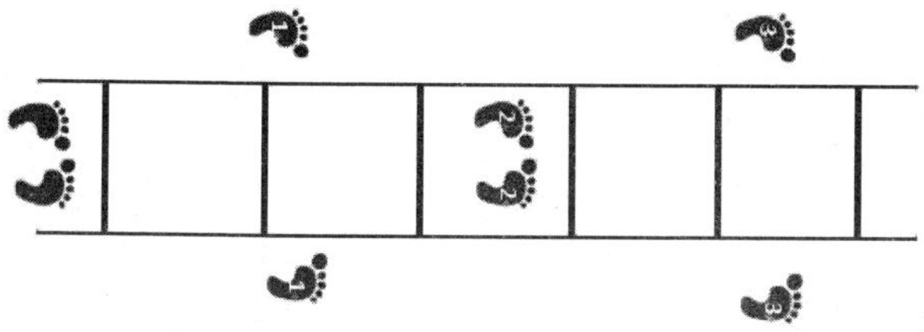

1. 动作难度：中。

2. 训练目的：发展下肢反应性力量。

3. 练习方法：正对软梯，屈肘双手置于体侧；双脚同时蹬地跳起落在第二个格子两侧，成左右开立，触地瞬间跳起双脚合并落在第四个格子内。每次向前跳两个格子，依次循环向前跳。

4. 关键点：上体保持正直，熟练以后逐渐加快速度。

练习 25　侧向开合跳（1）

a

b

c

d

e

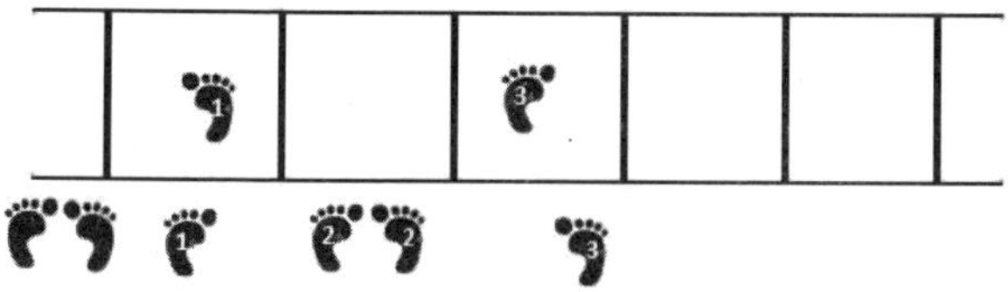

1. 动作难度：中。

2. 训练目的：提高下肢灵活性和爆发力。

3. 练习方法：侧对软梯，站在第一个格子左边框外，屈肘双手置于体侧；双脚同时蹬地跳起成分腿，右脚进入第一个格子内，左脚落在第一个格子的边框外，触地瞬间跳起并脚落在格子外。左右脚交替循环向前跳起。

4. 关键点：上体保持正直，熟练以后逐渐加快速度。

练习 26　侧向开合跳（2）

a

b

c

d

e

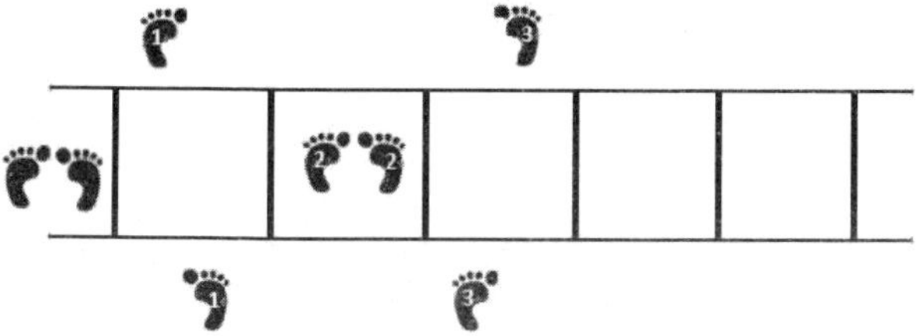

1. 动作难度：小。

2. 训练目的：提高下肢灵活性和爆发力。

3. 练习方法：侧对软梯站在第一个格子内，双手置于体侧；双脚同时蹬地跳起成分腿，落在第一个格子的框外，触地瞬间跳起并脚落在第二个格子内。左右脚交替循环向前跳起。

4. 关键点：上体保持正直，熟练以后逐渐加快速度。

练习 27　开合前交叉跳

a　b　c　d

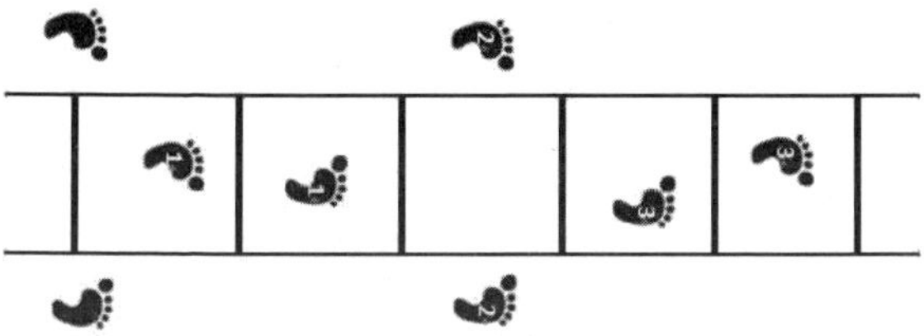

1. 动作难度：小。

2. 训练目的：发展下肢协调性，增加大腿内侧肌肉动作速度。

3. 练习方法：正对梯子，双脚开立站在第一个格子的两侧，屈肘双手置于体侧；双脚同时跳起在空中交叉，成前后开立落在两个格子内。每次跳进时交换两腿的位置，依次循环向前。

4. 关键点：尽量缩短脚与地面接触的时间，注意控制动作节奏。

5. 拓展动作：开合交叉向后跳。

练习 28　开合后踢跳

a　b　c　d

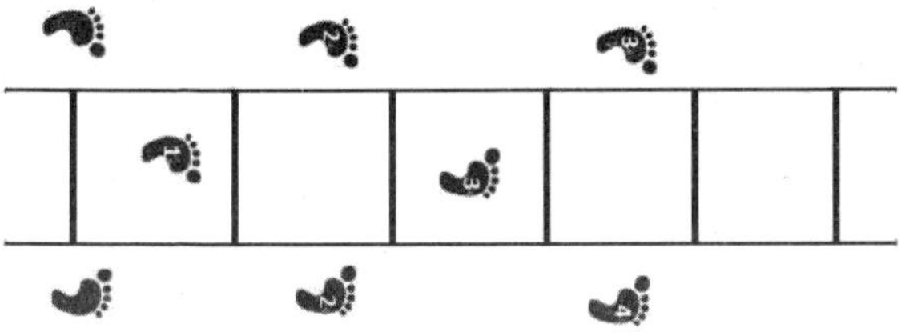

1. 动作难度：中。

2. 训练目的：发展下肢动作协调和控制能力。

3. 练习方法：正对软梯，双脚开立站在第一个格子两侧，双手置于体侧；双脚跳起左脚落于下一个格子内，同时右腿屈曲后踢，触地瞬间左脚蹬地向前跳，双脚分开落在下一个格子的边框外，再次前跳右腿支撑落在下一个格子内，左腿同时屈曲向后踢。依次循环向前。

4. 关键点：初学者可以从单脚后踢开始，逐渐过渡到左右交替后踢，蹬地有力，注意控制动作节奏。

5. 拓展动作：开合后踢向后跳。

练习 29　开合提膝跳

a

b

c

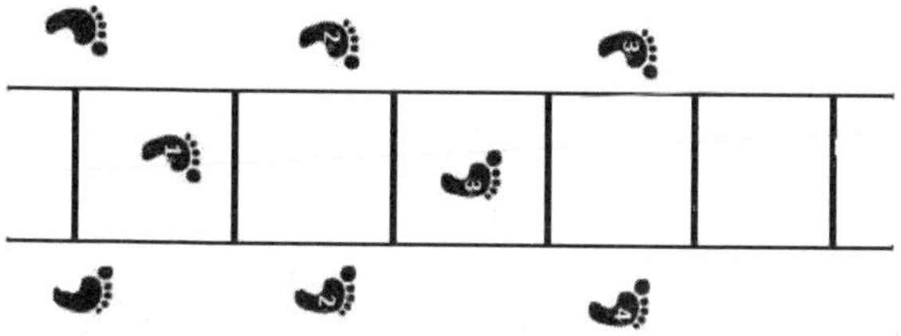

1. 动作难度：中。

2. 训练目的：发展下肢动作协调和控制能力。

3. 练习方法：正对软梯两脚开立，双脚同时前跳，左脚支撑落于第一个格子内，右腿屈膝前提，脚尖回勾；触地瞬间跳起，双脚打开落在第二个格子边框外，再次前跳右脚落在第三个格子内，左脚屈膝前提。手臂配合摆动，依次循环向前。

4. 关键点：初学者先做单侧腿的练习，尽可能缩短脚与地面接触时间；注意背部保持挺直；大腿高抬至与地面平行，脚尖回勾，练习过程中体会动作的节奏，轻盈快速。

5. 拓展动作：开合提膝跳（左）、开合提膝跳（右）。

练习 30　背向开合交替提膝跳

a

b

c

d

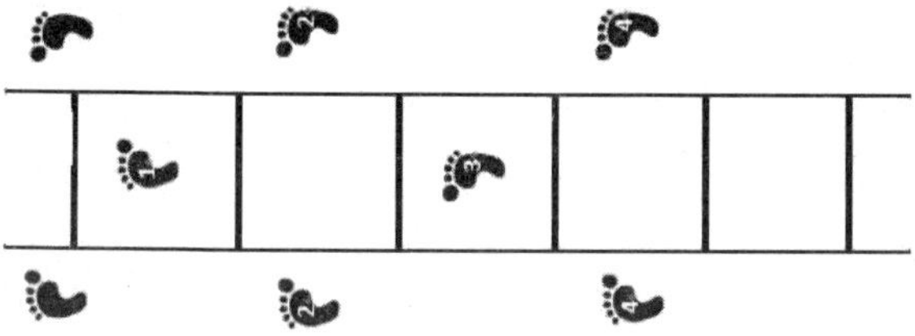

1. 动作难度：中。

2. 训练目的：发展下肢动作协调和控制能力。

3. 练习方法：背对软梯，双脚开立站在第一个格子两侧，屈肘双手置于体侧；方法同练习 29，手臂配合摆动，依次循环向前。

4. 关键点：同练习 29，注意落地时控制身体重心的稳定。

练习 31　开合触脚跳

a

b

c

d

e

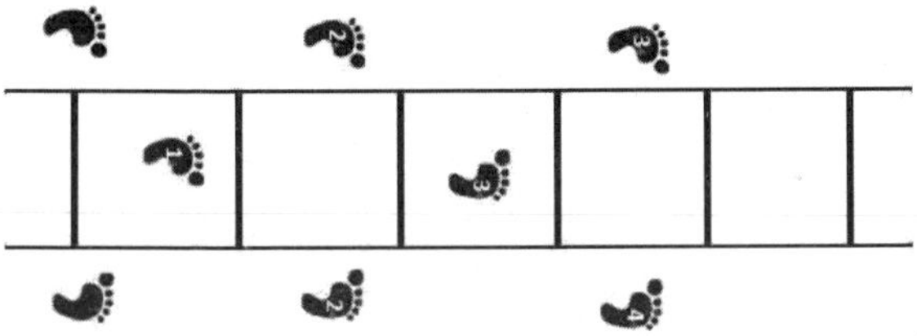

1. 动作难度：中。

2. 训练目的：发展下肢肌群的协调、柔韧性。

3. 练习方法：正对软梯两脚开立。双脚同时前跳，左腿支撑落于第一个格子内，右腿高抬膝关节外展，左手触碰右脚踝，触脚后积极下压打开落在第二个格子边框外；换右腿支撑，左腿高抬膝关节外展，右手触碰左脚踝。依次循环向前。

4. 关键点：初学者先做单侧腿的练习，熟悉后逐渐加快动作的速度；注意背部保持挺直，膝关节高抬充分外展，动作轻盈快速，节奏感强。

5. 拓展动作：开合触脚向后跳。

a

b

c

d

练习 32 开合蹲跳

a

b

c

d

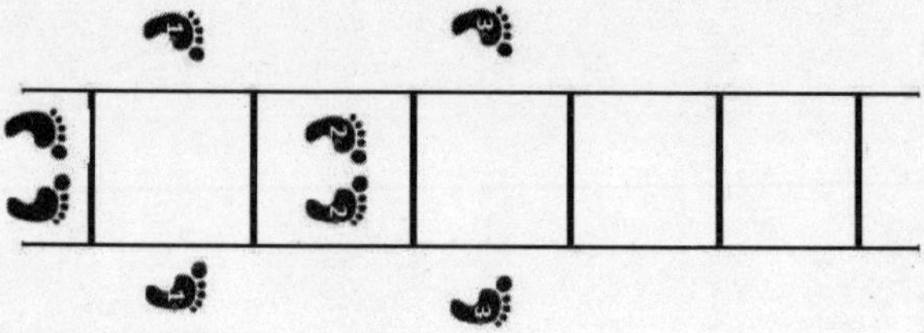

1. 动作难度：中。

2. 训练目的：发展下肢爆发性力量，提高核心稳定性。

3. 练习方法：正对梯子，站在第一个格子内，屈肘双手置于体侧；跳起双脚落在第二个格子外，屈膝 90°半蹲；停顿 1~2 秒钟稳定身体重心；爆发式跳起，落在第三个格子内，膝关节伸直。以此循环进行。

4. 关键点：控制动作节奏，屈膝 90°，膝关节不超过脚尖，上体保持正直。

练习 33 双脚跳

a

b

c

d

1. 动作难度：小。

2. 训练目的：发展踝关节、小腿肌肉爆发力，预防踝关节损伤。

3. 练习方法：正对软梯站立；前脚掌用力蹬地，踝关节爆发式跳起进入下一个格子，采用双摆臂配合。循环向前跳跃。

4. 关键点：尽可能缩短脚掌接触地面的时间，体会脚掌触地快速反弹的感觉。

5. 拓展动作：双脚折返跳，注意控制身体重心。

练习 34 侧向双脚跳

a

b

c

d

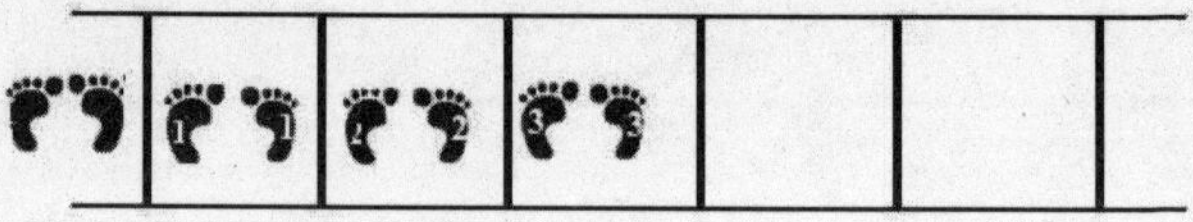

1. 动作难度：小。

2. 训练目的：发展反应性肌肉力量。

3. 练习方法：双脚分开与肩同宽，侧对梯子站于第一个格子的边框外；踝关节发力跳进第一个格子内；前脚掌触地瞬间爆发式跳起进入第二个格子内。依次循环向前。

4. 关键点：尽可能缩短脚掌接触地面的时间，体会脚掌触地快速反弹的感觉。

5. 拓展动作：侧向双脚折返跳。

练习 35 侧向双脚前后跳

a

b

c

d

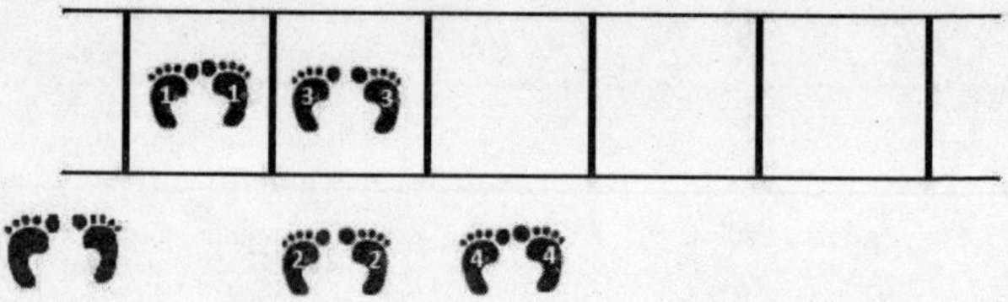

1. 动作难度：小。

2. 训练目的：发展反应性肌肉力量。

3. 练习方法：侧对软梯站在第一个格子的边框外；双脚同时蹬地跳进第一个格子内，再次跳起向右前方进入第二个格子，触地瞬间反方向后跳到第二个格子的边框外。依次循环向前。

4. 关键点：尽可能缩短脚掌接触地面的时间，体会脚掌触地快速反弹的感觉。

练习 36　侧向双脚 Z 形跳

a

b

c

d

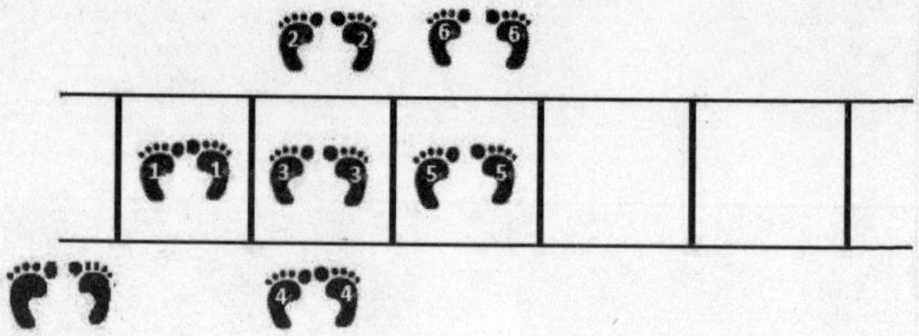

1. 动作难度：小。

2. 训练目的：发展反应性肌肉力量。

3. 训练方法：侧对软梯站在第一个格子的边框外，以右侧先行为例；双脚同时蹬地跳起进入第一个格子内，触地瞬间向前跳至第二个格子的上边框外；跳起后退进入第二个格子内，继续后退跳出到第二个格子下边框，前跳进入第三个格子，手臂配合前后摆动。一前一后成Z形循环向前。

4. 关键点：体会脚掌触地快速反弹的感觉，缩短脚步与地面的接触时间。

练习 37 单边 Z 形双脚跳

a

b

c

d

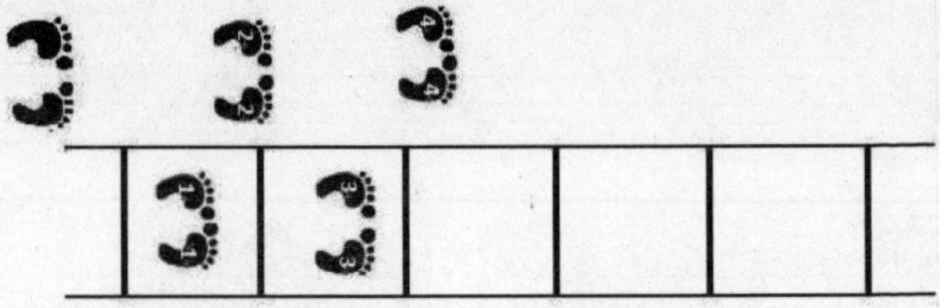

1. 动作难度：小。

2. 训练目的：提高起动急停速度，以及改变方向时控制身体平衡的能力。

3. 练习方法：正对软梯站在第一个格子边框外；双脚跳起向右进入第一个格子内，触地瞬间跳起到第二个格子边框外，再次跳起进入第二个格子内。依次循环向前。

4. 关键点：在整个动作过程中，达到练习者的最大速度。

5. 拓展动作：双边 Z 形跳、单脚 Z 形跳

a

b

c

d

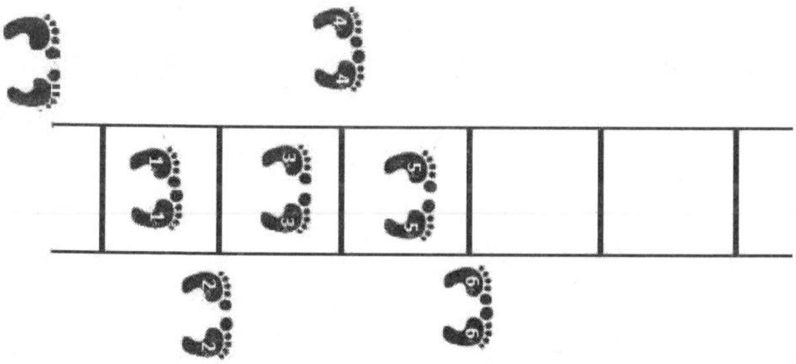

练习 38　正向单脚折返跳

a

b

c

d

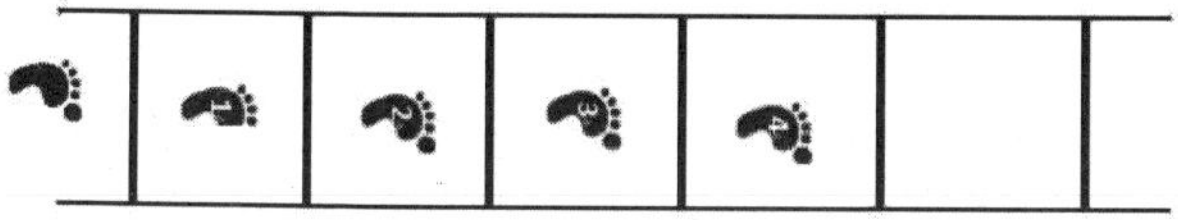

1. 动作难度：小。

2. 训练目的：加强踝关节力量，提高单脚支撑身体控制平衡的能力。

3. 练习方法：正对软梯站立，单腿支撑，异侧腿高抬至90°，勾脚尖，上体保持正直，双臂配合下肢动作自然摆动，依次向前跳进。

4. 关键点：移动时身体重心的控制要求动作轻盈、节奏感强；应尽可能减小脚与地面接触的时间，体会起跳时脚掌触地快速反弹的感觉；注意双腿交替进行练习。

练习 39　正向单脚提膝跳

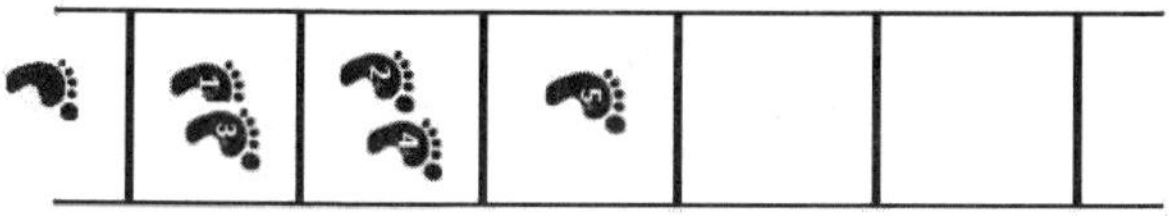

1. 动作难度：中。

2. 训练目的：发展踝关节、小腿肌肉爆发力。

3. 练习方法：正对软梯站立；单脚支撑向前跳进第一个格子，触地瞬间，后退跳回第一个格子，再继续向前跳。依次循环。

4. 关键点：同练习 38。

5. 拓展动作：正向双脚折返跳。

练习 40　侧向单脚提膝跳

a

b

c

d

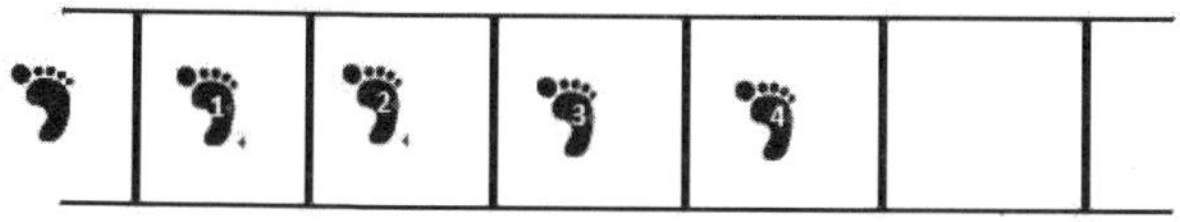

1. 动作难度：大。

2. 训练目的：加强踝关节力量，提高侧向移动时单脚支撑维持身体平衡的能力。

3. 练习方法：侧对软梯站立，右腿支撑，异侧腿高抬至90°，勾脚尖；上体保持正直，双臂配合下肢动作自然摆动，依次侧向前移。反方向练习。

4. 关键点：同练习 38，不同方向交替进行练习。

练习 41　侧向环转跳

a

b

c

d

e

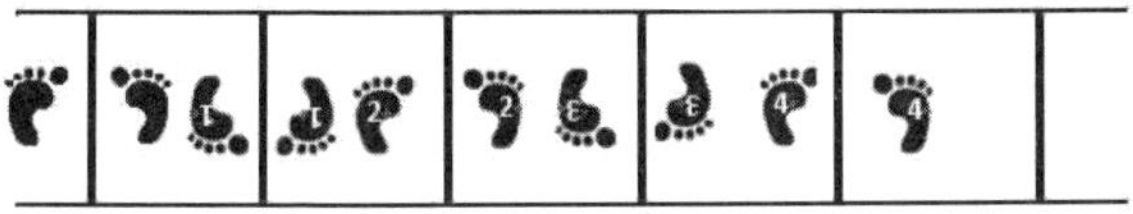

1. 动作难度：大。

2. 训练目的：加强下肢力量，动员深层肌肉参与运动维持身体平衡，提高肌肉的空间感知觉能力。

3. 练习方法：侧对软梯，一脚在外一脚在内，屈膝半蹲；跳起空中左前转 180°，左脚进入第一个格子，右脚进入第二格子，屈膝半蹲，停顿 1~2 秒钟；稳定重心后反向环转 180°。依次循环进行。

4. 关键点：头部和双肩自然放松，注意动作的节奏性，强调转体的正位。

练习 42　侧向单脚停顿跳

a

b

c

d

e

f

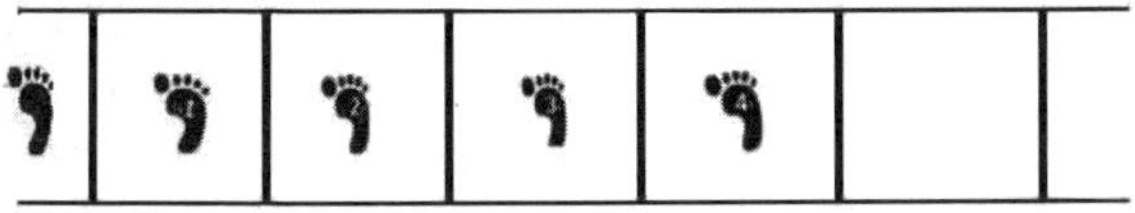

1. 动作难度：中。

2. 训练目的：加强下肢力量，动员深层肌肉参与运动维持身体平衡，提高落地起跳神经肌肉的协调能力。

3. 练习方法：侧对梯子站立，单脚支撑，异侧腿悬空，双臂配合摆动；全脚掌爆发用力向前上方跳起，落在第二个格子里，膝关节自然弯曲缓冲成 120°~135°停顿，保持 1~2 秒钟后跳入下一格。循环向前跳进。

4. 关键点：要求落地动作轻盈，尽力维持身体平衡，停留时间不宜过长。

5. 拓展动作：正向单脚停顿跳。

练习 43　交替小跳步

a

b

c

d

e

f

1. 动作难度：大。

2. 训练目的：发展踝关节小腿肌肉爆发力、协调性。

3. 练习方法：正对软梯站立，确定支撑腿；全脚掌爆发式用力蹬地跳起，摆动腿提膝，腾空至最高点时摆动腿下压，双脚同时落在第二个格子内，触地瞬间换异侧脚支撑，手臂配合前后摆动。依次交替循环前行。

4. 关键点：控制动作的节奏，蹬地充分有力，摆动腿积极下压，上体保持正直，将注意力放在爆发式踏跳和动作的节奏上。

5. 拓展动作：两跳中间衔接一个单脚或双脚跳过渡。

练习 44　方形跳

a

b

c

d

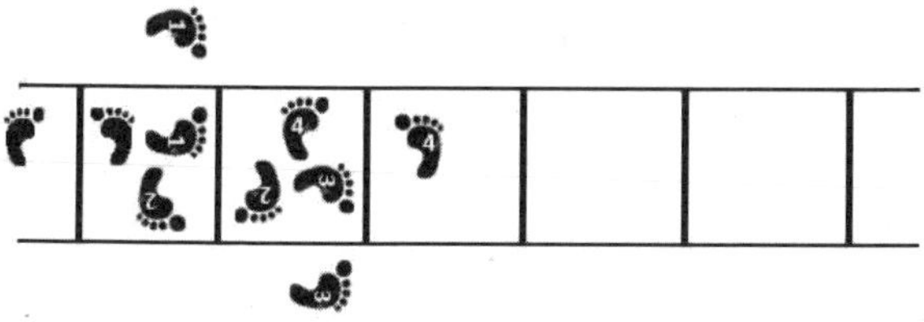

1. 动作难度：中。

2. 训练目的：提高髋关节多方位运动能力和协调性。

3. 练习方法：侧对软梯，一脚在格子内，一脚在格子外，膝关节微屈；右脚蹬地向左前转体 90°；双脚触地瞬间继续左前转体 90°；左脚进入下一个格子，触地后左脚蹬地向右前方转体 90°。双脚触地瞬间继续右前转体 90°。依次循环向前。

4. 关键点：头部和双肩自然放松，强调转体的正位，每次转动后保持头、肩、髋、双脚正对转动方向。

动作45　方形向后跳

a

b

c

d

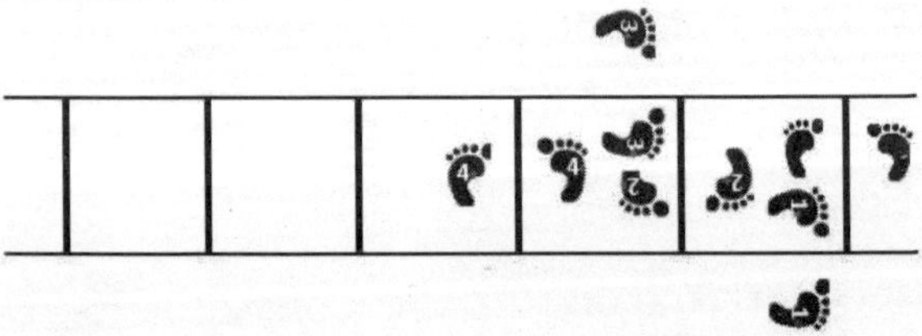

(三) 灵活髋关节练习

练习 46 正向剪刀跳

a

b

c

d

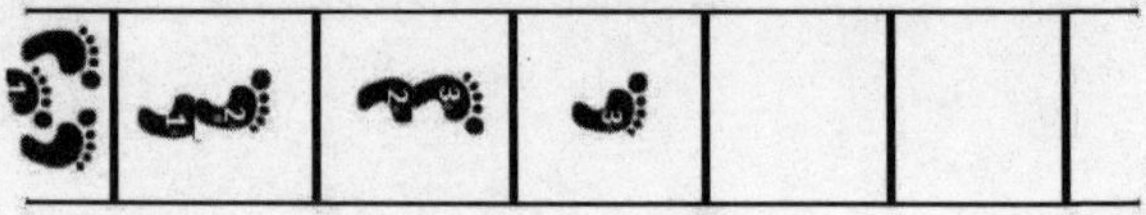

1. 动作难度：小。

2. 训练目的：提高下肢动作速度和髋关节的灵活性。

3. 练习方法：正对软梯；双脚同时用力蹬地，空中交叉右脚向前进入第一个格子内，左脚落在原地；再次跳起左脚迈步进入第二个格子内，手臂配合摆动。两脚交替剪刀式循环向前跳。

4. 关键点：动作轻盈，蹬地有弹性。

练习 47 侧向剪刀跳

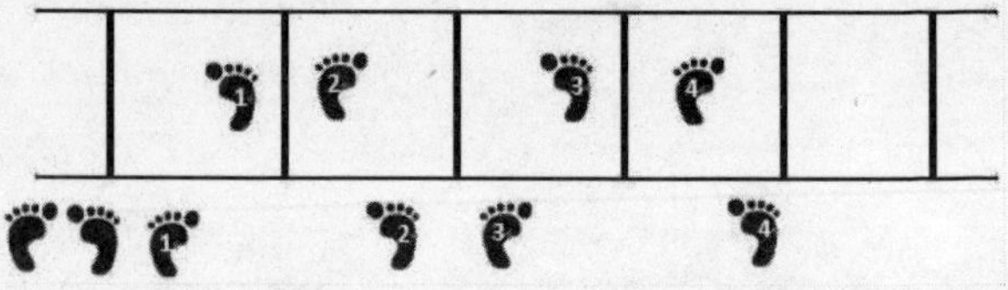

1. 动作难度：小。

2. 训练目的：提高下肢动作速度。

3. 练习方法：侧对软梯，以右脚先行为例；双脚同时用力蹬地，在空中交叉右脚向前进入第二个格子；再次跳起，左脚迈步进入第三个格子，手臂配合摆动。依次循环前行。

4. 关键点：尽可能缩短脚与地面接触的时间，换腿频率要快。

练习48 交叉步（1）

a

b

c

d

e

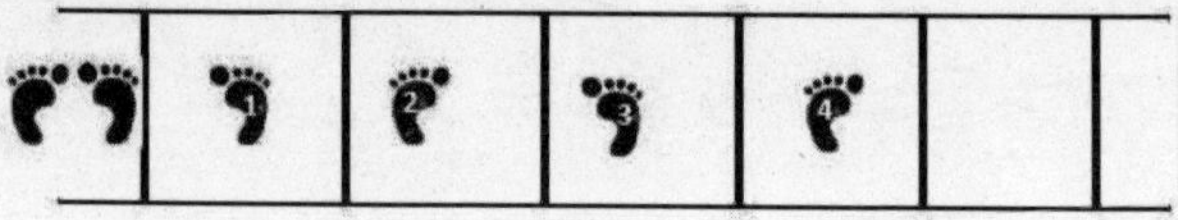

1. 动作难度：大。

2. 训练目的：提高平衡能力，灵活髋关节。

3. 练习方法：侧对软梯站立；双手侧平举，髋关节后转，右脚后交叉进入第一个格子，左脚跟进第二个格子里支撑；髋关节后转，右脚前交叉进入第三个格子，左脚跟进第四个格子支撑。依次循环进行。

4. 关键点：手臂协调转动，髋的扭转带动脚步。注意反方向练习。

练习 49 交叉步（2）

a

b

c

d

e

f

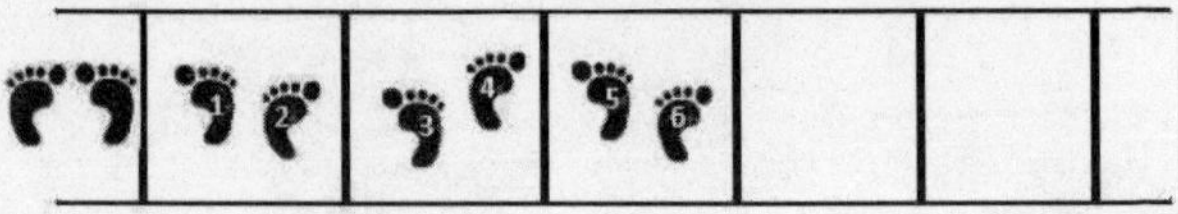

1. 动作难度：大。

2. 训练目的：提高平衡能力，灵活髋关节。

3. 练习方法：侧对软梯站立；双手侧平举，髋关节前转，左脚前交叉进入第一个格子，右脚跟进支撑；髋关节后转，左脚后交叉进入第二个格子，右脚跟进支撑。依次循环侧向移动。

4. 关键点：手臂协调转动，帮助维持身体平衡。注意反方向练习。

练习 50 交叉前移

a

b

c

d

e

f

g

h

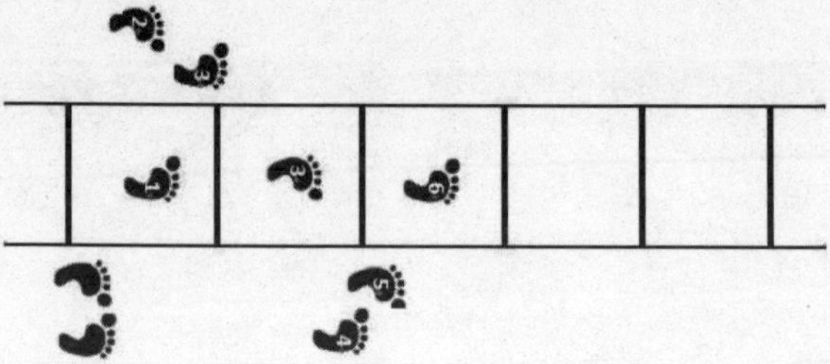

1. 动作难度：中。

2. 训练目的：提高身体协调性，灵活髋关节。

3. 练习方法：正对梯子站在第一个格子右侧；右脚前交叉进入第一个格子，重心转移到右脚上，左脚绕过梯子迈步落在第二个格子的外侧，右脚跟进；左脚前交叉进入第二个格子，重心在左脚上。右脚绕过梯子边框向右前方迈步落在第三个格子的外侧，左脚跟进放在左前方。依次循环向前。

4. 关键点：整个动作过程要求连贯没有停顿、节奏清晰，尽可能减小脚与地面接触的时间。

5. 拓展动作：前交叉后移。

练习 51 后交叉前移

a

b

c

d

e

f

g

h

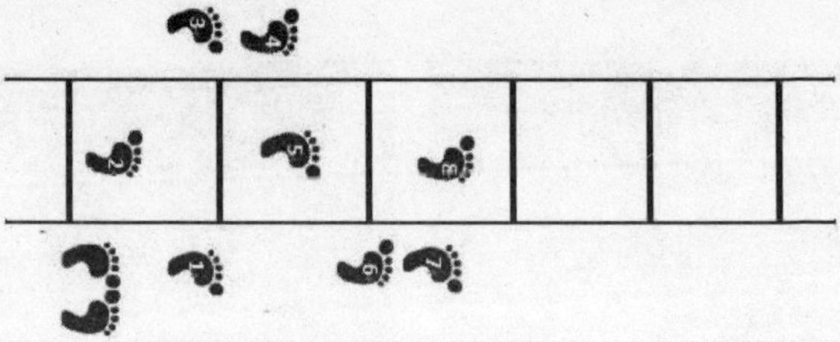

1. 动作难度：大。

2. 训练目的：提高身体协调、平衡能力，以及脚步的灵活性。

3. 练习方法：正对梯子站在第一个格子右侧；左脚向前一步，右脚后交叉进入第一个格子，重心移到右脚上；左脚绕过梯子向左前方迈步落于第二个格子的外侧，右脚跟上放在右前方；左脚后交叉进入第二个格子，重心在左脚上，右脚绕过梯子向右前方迈步落于第三个格子的外侧，左脚跟进放在左前方。依次循环向前。

4. 关键点：初学者先要掌握正确的路线，熟悉以后逐渐加快动作速度。整个动作过程要求连贯没有停顿、节奏清晰。

练习 52 单边双脚转髋跳

a

b

c

d

e

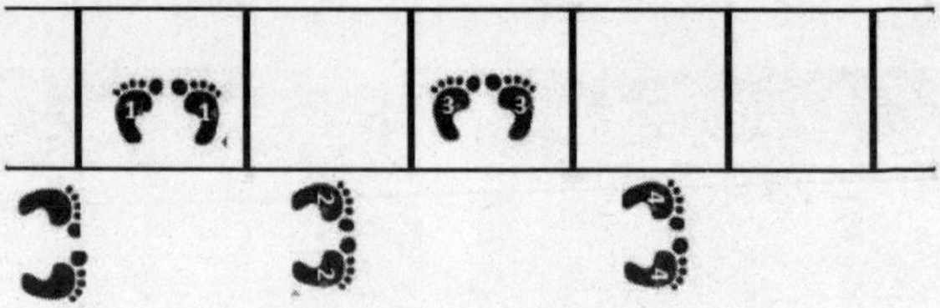

1. 动作难度：大。

2. 训练目的：加强踝关节力量，提高髋关节灵活性。

3. 练习方法：正对梯子站在第一个格子右侧；双脚同时发力跳起左前转髋 90°进入第二格子；跳起髋关节转正，双脚落于第二个格子的边框外。依次交替循环前行。反方向练习。

4. 关键点：保持上体正对前方，依靠髋关节的力量带动脚步移动。

练习 53 单脚八字转髋跳

a

b

c

d

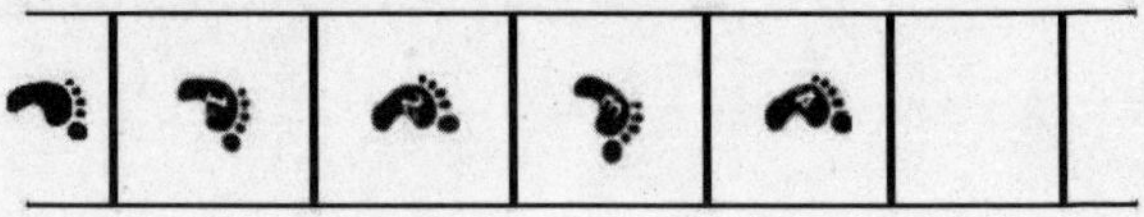

1. 动作难度：小。

2. 训练目的：加强踝关节力量，提高髋关节灵活性。

3. 练习方法：正对梯子站立，单脚支撑，异侧腿自然弯曲悬空；前脚掌爆发用力跳起在空中髋关节左转、脚尖内扣落在第一个格子内；触地瞬间快速跳起髋关节在空中向右转、脚尖外展落在第二个格子内。八字循环向前。

4. 关键点：上体正对前方，依靠髋关节的力量带动脚步移动。应尽可能减小脚与地面接触的时间。

练习 54 前转髋跳

a

b

c

d

e

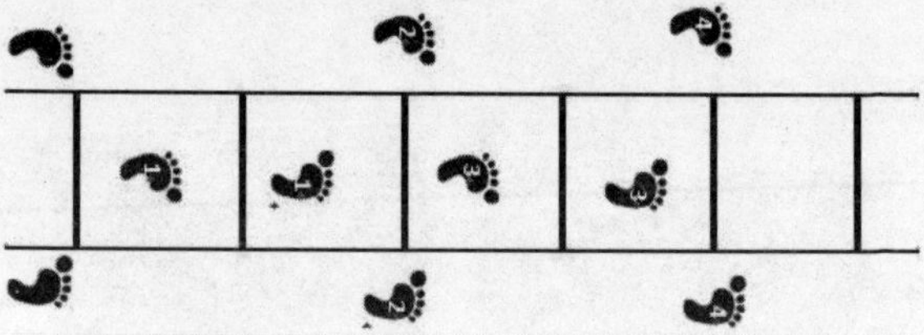

1. 动作难度：中。

2. 训练目的：提高髋关节的灵敏性。

3. 练习方法：正对软梯两脚左右开立；跳起左前转髋 90°双脚前后落在两个格子内，保持头、上体正对前方；触地瞬间前跳髋关节转正，双脚成左右开立落在第二个格子的边框外；继续前跳反方向前转。依次交替循环。

4. 关键点：蹬地快速有力，落地时髋关节前顶。

5. 拓展动作：后转髋跳。

练习 55 宽跨步前交叉

a

b

c

d

e

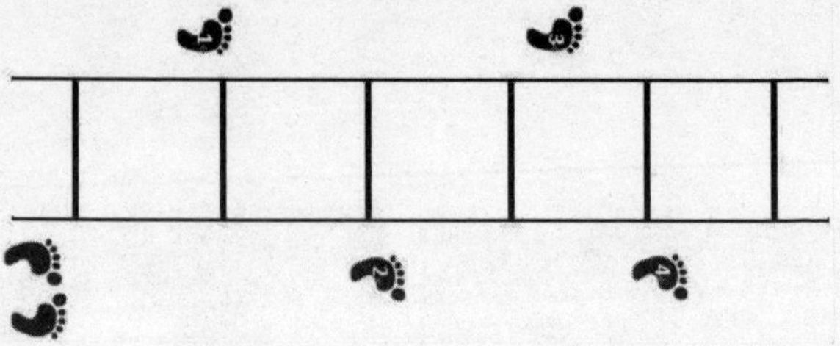

1. 动作难度：中。

2. 训练目的：提高身体在动态中的平衡能力，以及髋关节的灵活性。

3. 练习方法：正对软梯站在第一个格子的右侧；右腿高抬向左前方迈步落在左边框外，触地瞬间右脚蹬转，左脚向右前方迈步落在右边框外，手臂配合前后摆动维持身体平衡。依次循环向前。

练习 56 宽跨步前交叉跳

a

b

c

d

e

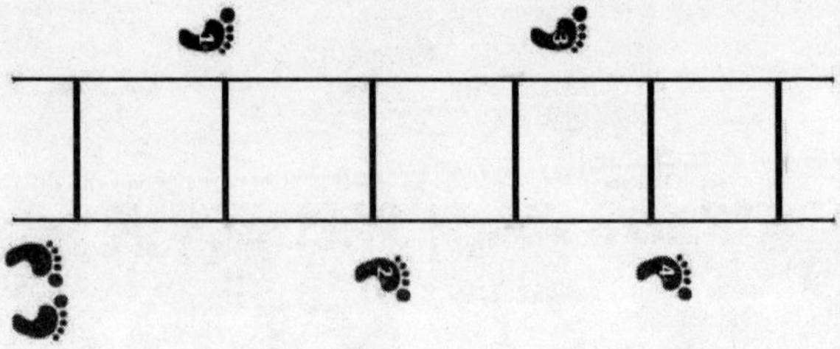

1. 动作难度：大。

2. 练习方法：正对软梯站立第一个格子的右侧；右脚向左前方迈步腾空，落在左边框外，手臂配合前后摆动维持身体平衡；右脚蹬转，左脚向右前方迈步落在右边框外。依次循环向前。

3. 关键点：支撑脚蹬地有力，摆动腿落地屈膝缓冲。

(四) 上肢动作练习

练习 57　原地组合

A. 内外支撑

a

b

c

d

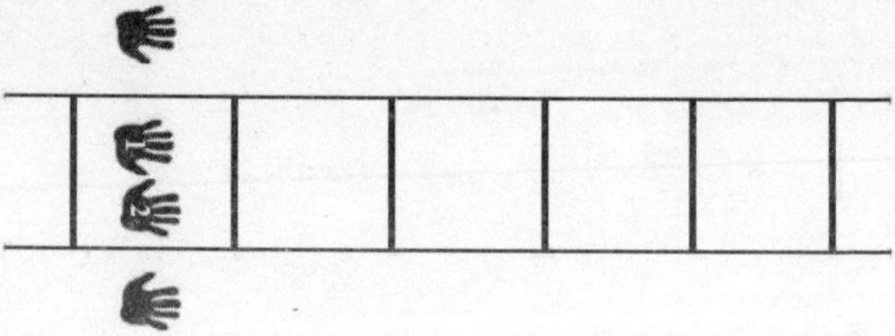

1. 动作难度：小。

2. 训练目的：基础核心练习，增加上肢带肌肉力量。

3. 练习方法：正对软梯呈俯卧撑姿势。双手支撑于第一格的边框外；左手进入第一个格子、右手跟进；右手触地的瞬间左手迅速移出到左侧边框外，右手移出到右侧边框外。依次循环 10~15 次。

4. 关键点：练习时保持头、背、臀在一条直线上。

B. **前后支撑**

a

b

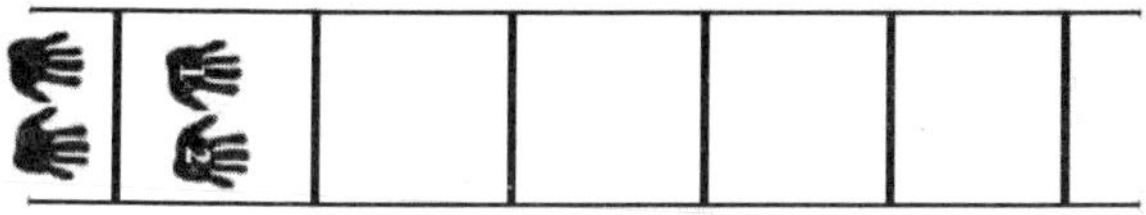

1. 动作难度：小。

2. 训练目的：基础核心练习，增加上肢带肌肉力量。

3. 练习方法：正对软梯呈俯卧撑姿势。双手支撑于第一格的边框外。手臂前后进出格子移动。依次循环 10~15 次。

4. 关键点：练习时保持头、背、臀在一条直线上。

5. 拓展练习：十字支撑。

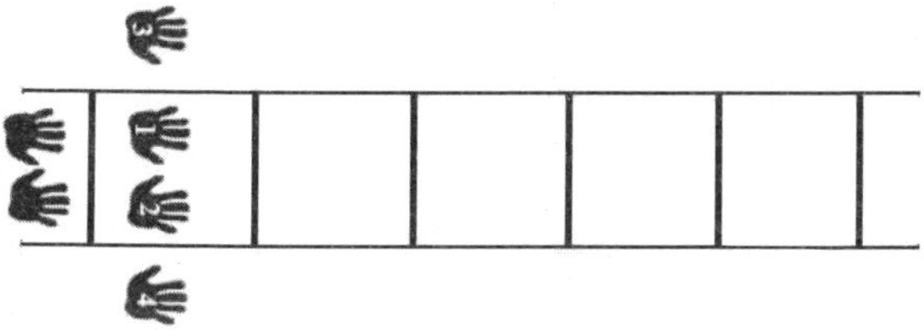

练习 58 行进间组合

A. 支撑前移

a

b

c

d

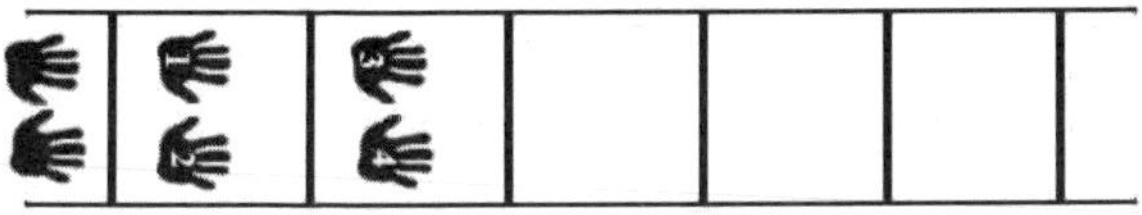

1. 动作难度：小。

2. 训练目的：增加核心、上肢带肌肉力量。

3. 练习方法：正对软梯呈俯卧支撑姿势。双手支撑于第一格外；左手进入第一个格子，同时右脚蹬地脚尖回勾向前一步，触地瞬间右手、左脚动作同上跟进。依次循环向前。

4. 关键点：上下肢协调配合，同时保持头、背、臀在一条直线上。

B. 侧向支撑前移

a b c d

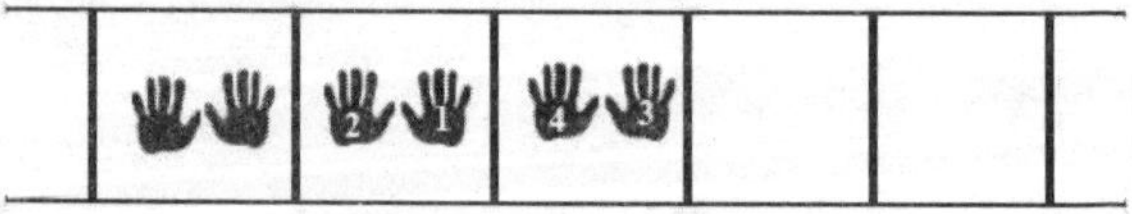

1. 动作难度：中。

2. 训练目的：增加核心、上肢带肌肉力量，协调四肢肌肉力量。

3. 练习方法：侧对软梯呈俯卧支撑姿势。双手置于第一个格内；右手前移进入第二个格子内，同时右脚平移一步，触地的瞬间左手左脚跟进。依次前行至终点。

4. 关键点：身体始终保持斜平面，手脚节奏保持一致。

C. 侧向支撑交叉前移

a

b

c

d

e

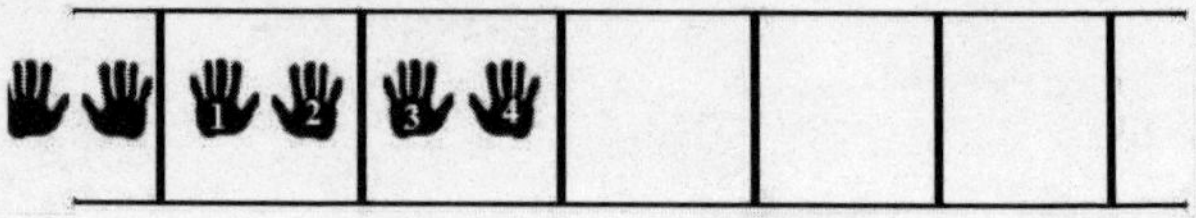

1. 动作难度：小。

2. 训练目的：发展核心、上肢带肌肉力量，灵活肩关节。

3. 练习方法：侧向呈俯卧撑姿势。双手置于第一个格外；左手后交叉落入第一个格子内，同时右脚跟进前移，触地瞬间右手前移落入第二个格子内，左脚前移；左手前交叉进入第三个格子，手脚节奏一致。依次侧行至终点。

4. 关键点：身体始终成一直线，手脚协同前行。

练习 59　行进间俯卧撑组合

A. 宽距俯卧撑前移

a

b

c

d

1. 动作难度：大。

2. 训练目的：发展上肢核心肌肉力量，重点为胸肌外侧。

3. 练习方法：正对软梯呈俯卧撑姿势。手脚支撑在第一格的边框外；左右手依次进入第一个格子，右手触地的瞬间，双手依次前移至第二格子外侧，双脚配合前移；腹肌收紧，呼气两肘弯曲下降，夹角小于 90°，吸气恢复到初始动作。依次循环向前。

4. 关键点：身体始终成一直线，手脚协同前行。

B. 窄距俯卧撑前移

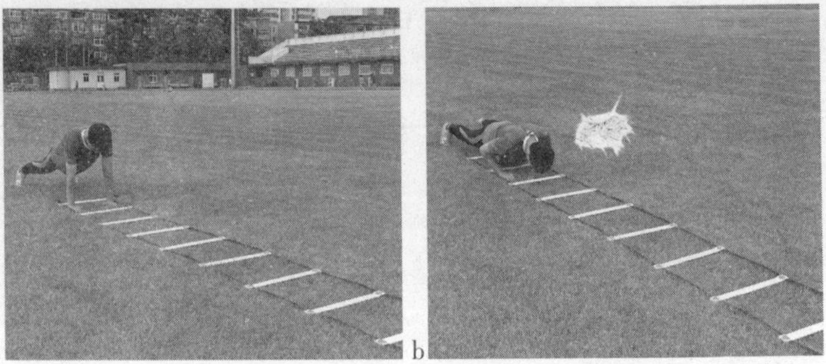

a　b

1. 动作难度：大。

2. 训练目的：发展上肢核心肌肉力量，重点为胸肌中束和肱三头肌。

3. 练习方法：正对软梯呈俯卧撑姿势。手脚支撑在第一格的边框外；左右手依次进入第一个格子，右手触地的瞬间，腹肌收紧，呼气两肘弯曲下降，夹角小于90°，吸气恢复到初始动作。双手依次前移至第二格子外侧，双脚配合前移；依次循环向前。

4. 关键点：身体始终成一直线，手脚协同前行。

C. 侧向俯卧撑前移

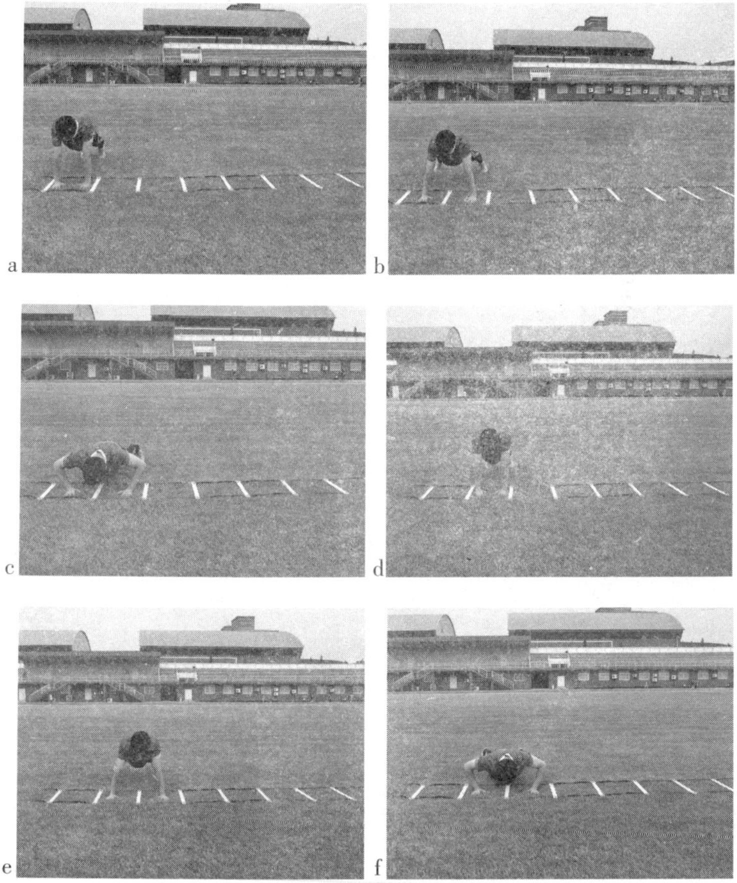

1. 动作难度：大。

2. 训练目的：发展上肢核心肌肉力量，重点为胸肌外侧。

3. 练习方法：侧对软梯呈俯卧撑姿势。手脚支撑在第一格的边框内；左手进入第二个格子，腹肌收紧，呼气两肘弯曲下降，夹角小于90°，吸气恢复到初始动作；右手前移至第二格子内，触地瞬间左手前移至第三个格子内，双脚配合前移。依次循环向前。

4. 关键点：身体始终成一直线，手脚协同前行。

D. 侧向内外俯卧撑前移

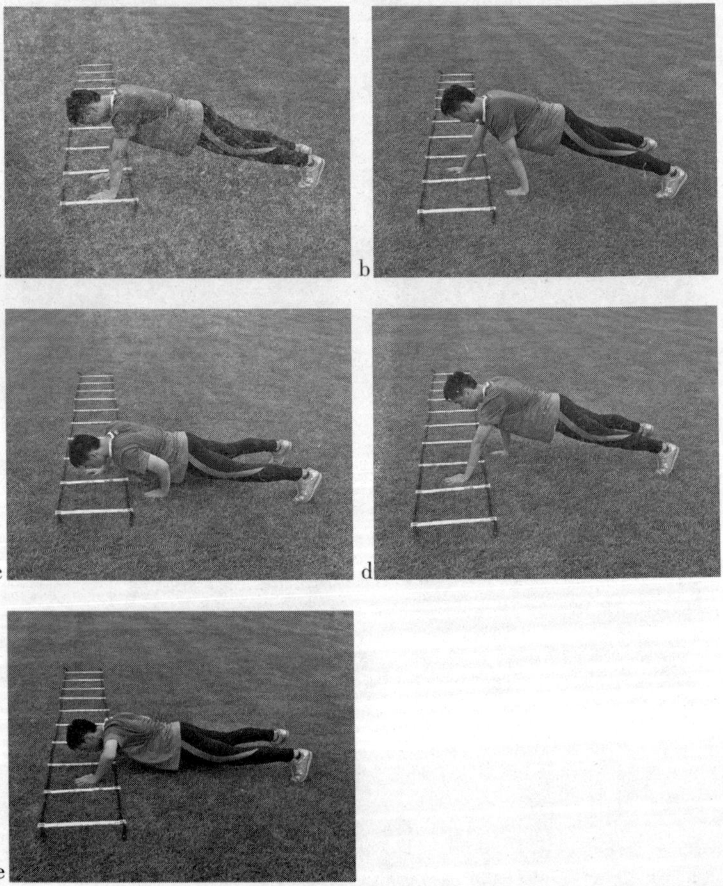

a b c d e

1. 动作难度：大。

2. 训练目的：发展上肢核心肌肉力量，重点为肱三头肌。

3. 练习方法：呈俯卧撑姿势。手支撑在第一格内；左手向前进入第二个格子，紧接着右手向下到第一个格子边框外；呼气两肘弯曲下降，吸气恢复到初始动作；左手向下到第二个格子的边框外，右手进入第二个格子，呼气两肘弯曲下降。循环交替行进。

E. 前移跳跃俯卧撑

a

b

c

1. 动作难度：大。

2. 训练目的：发展上肢核心肌肉爆发力量。

3. 练习方法：呈俯卧撑姿势。手支撑在边框外；腹肌收紧，呼气两肘弯曲下降，夹角小于 90°，吸气爆发用力推起腾空击掌，落地手脚前移一格，循环交替行进。

4. 关键点：俯卧撑的上升阶段爆发用力腾空前行，缓冲着地阶段要慢，动作节奏要快慢交替。

F. 侧向跳跃俯卧撑

1. 动作难度：大。

2. 训练目的：发展上肢核心肌肉力量，增加爆发力，协调全身肌肉参与工作。

3. 练习方法：侧对软梯，呈俯卧撑姿势。双手分别放在两个格子里；手臂屈伸推地面，同时脚蹬地用爆发式力量将身体向前进方向推起，腾空后横向移动到前面两个格子里。依次循环横向移动。

4. 关键点：脊柱与双腿始终成一直线，爆发式用力，手脚动作协调一致。

练习 60 推小车前移

a

b

1. 动作难度：中。

2. 训练目的：发展手臂、上肢和腰腹部肌肉力量，以及全身协调用力的能力。

3. 练习方法：两人一组前后站立，前面的练习者以俯卧撑姿势开始；同伴抓住练习者的脚踝并提起，模仿推车动作；练习者双手交替依次爬过每一格至终点。

4. 关键点：辅助者不可用力过猛，注意行进节奏配合。

二、软梯游戏组合练习

练习 61　直角组合

a

b

c

d

1. 训练目的：发展变向移动速度。

2. 练习方法：将软梯摆成直角，练习者站在起点；按要求通过梯子后，对角线弧形加速跑回起点；做反方向练习。

3. 关键点：整个过程连贯没有停顿，注意强调动作要领，在保证动作质量的情况下提高动作的速度。

练习 62 三角组合

1. 训练目的：发展变向移动速度。

2. 练习方法：将软梯摆成三角形，分别在每两个梯子连接处的延长线上放置一个标志物，三个顶角分别站一名练习者；练习者根据要求通过梯子，顺时针向前加速绕过标志物，要求每个梯子的通过方法不同；反方向练习。

3. 关键点：整个过程连贯没有停顿，注意强调动作要领，在保证动作质量的情况下提高动作的速度。

练习 63　四角组合

a

b

c

1. 训练目的：发展变向移动速度。

2. 练习方法：将软梯摆成四角形，练习者分别站在顶角处，要求按顺时针通过梯子；要求每个梯子的通过方法不同，依次完成后做反方向练习。

3. 关键点：整个过程连贯没有停顿，教练员注意强调动作要领，在保证动作质量的情况下提高动作的速度。

4. 拓展设计：可根据情况安排多人同时练习。

练习 64 软梯小栏架组合

a

b

c

d

e

1. 训练目的：发展变向跳跃能力，提高平衡、灵敏素质。

2. 练习方法：将软梯平铺在地面上，小栏架放在软梯的两侧，间距两个格子；练习者正对梯子站立；双脚依次跳过两个格子后变向跳一个栏架，左右循环向前。

3. 关键点：要求动作轻盈、节奏感强，应尽可能减小脚与地面接触的时间，体会起跳时地面对脚的反作用力。

4. 拓展动作：单脚支撑跳跃。

练习 65 阻力侧向移动

1. 训练目的：发展腿部力量和侧向移动的速度。

2. 练习方法：弹力带从练习者腰部绕过，另一端由同伴牵引；练习者侧对软梯两脚分开与肩同宽，膝关节微屈，上体略前倾，一步一格，循环向前，同伴控制弹力带保持适当的阻力。

3. 关键点：练习者腰背部挺直，移动时始终保持低重心；阻力不易过大。

练习 66　阻力变向练习

1. 训练目的：发展下肢动作的灵活性，提高爆发起动速度。

2. 练习方法：将软梯平铺在地面上，前方半径 3 米的距离用 4 个标志物围成半圆；两人一组，面对软梯前后站立，前者身体套弹力带，后者控制阻力；练习者小步向前跑，后者跟进控制弹力带保持适度的阻力；接近终点时，后者增加阻力发出方向指令，练习者加速跑向标志物；完成后快速后退。

3. 关键点：每组 3~4 次，间歇 1~2 分钟。

4. 拓展方法：在软梯阶段加阻力，变向移动阶段释放阻力。变换不同的步法练习。

练习 67 变向模仿秀

a

b

c

1. 训练目的：发展急停起动和左右移动的动作速度。

2. 练习方法：软梯平铺在地上，两名练习者面对面站在软梯中间，确定模仿者与被模仿者，屈膝降低重心做好准备；教练宣布开始，被模仿者随机横向移动触碰格子边框，模仿者全力追逐做同样的动作；教练员规定练习时间，两人交换练习。

3. 关键点：注意控制练习的时间，两人交替完成为一组，每组练习时间不超过 1 分钟，每次 2~3 组，间歇 1~2 分钟。

练习 68　迎面接力

a

b

c

d

c

1. 游戏目的：发展速度和灵敏素质，培养团结协作的精神。

2. 游戏准备：将两副软梯放在平整的草地上，相隔 5 米。队员分成人数相等的两组，分别站在每副软梯的起点。

3. 游戏方法：教练员规定行进步法；宣布游戏开始后，以小步跑的方式跑过软梯，然后左转弯从梯子的两侧跑回，与下一名队员拍手为完成。以此类推直至最后一名队员完成返回起点，用时最短者为胜。

4. 游戏规则：按要求通过才算有效。在游戏过程中始终保持动作的质量，输的一方要接受“惩罚”。

练习 69　齐心协力

a

b

c

1. 游戏目的：培养集体主义和协作精神，发展速度和灵敏素质。

2. 游戏准备：将软梯并排放置在平整的地面上，队员分成两组，正对软梯前后扶腰站在起点。

3. 游戏方法：教练员宣布游戏开始，每组队员以开合跳的形式协同向前跳进，要求一步一格，以最后一名队员通过软梯为游戏结束，用时最短者为胜。教练员提示队员如何又好又快地通过软梯，如喊口号等。

4. 游戏规则：全体队员完整通过才算有效，如发生断裂、踩线、间隔跳现象为失败。输的一方要接受“惩罚”。

练习 70 小跳棋

a

b

c

d

1. 游戏目的：发展单腿支撑力量耐力、平衡控制能力。

2. 游戏准备：两副软梯为一组，（1号、2号）左右间隔0.5米，每队一个标志物（棋子），确定起点、终点。将队员分成两组，正对软梯站在起点。

3. 游戏方法：第一名队员持标志物单脚跳过1号软梯，将标志物放在2号软梯的第一个格子内，继续向前跳至梯子末端，向前跑绕过标志物从1号梯子单脚跳返回，与第二名队员击掌完成；第二名队员单脚跳过1号软梯，将2号软梯内的标志物向前移动一个格子，返回方法同上，以此类推，棋子先到达2号软梯的最后一格为胜。

4. 游戏规则：踩线、间隔跳者为失败重新开始；每次只能移动一个格子；单脚跳时悬空脚落地，棋子不前进；输的一方要接受“惩罚”。

练习 71 螃蟹赛跑

a

b

c

d

1. 游戏目的：发展上肢、核心力量，以及上下肢协调配合的能力。

2. 游戏准备：将两副软梯放在平整的草地上，相隔 5 米，将队员分成人数相等的两组，分别站在每副软梯的起点。

3. 游戏方法：每组第一名队员以俯身横向移动的方式至软梯另一端，然后分别从梯子的两侧空地跑回，与下一名队员拍手为完成，以此类推直至最后一名队员完成返回起点，用时最短者为胜。

4. 游戏规则：在游戏的过程中始终保持动作的质量。输的一方要接受“惩罚”。

主编简介

李建臣，男，1958 年 1 月生，教授，博士学位，硕士生导师，现任首都体育学院田径教研室主任；中国运动训练学会田径专业委员会常委；中国体育科学学会会员；中国田径战略研究会委员。主要研究方向为体育教育训练学、运动技术优化与诊断。近年来在《中国体育科技》《体育科学》《北京体育大学学报》等国家级核心刊物发表学术论文 43 篇。其中，《田径教育教学体系的构建与发展》获国家体育总局教学成果一等奖；《备战奥运会田径耐力项目科技攻关与服务》《铅球运动员运动学与动力学系统诊断与效益反馈》获省部级政府科技进步奖；竞走、铁饼、标枪、撑竿跳高等项目的攻关研究获局级科技攻关奖。出版《现代推铅球运动》《体育产业资本市场创新体系的研究》《田径》《青少年体能锻炼》等教材 13 部、译著 1 部。在奥运会科学大会、亚运会科学大会、全国体育科学大会、国际运动生物力学科学大会等学术会议上宣讲学术论文 76 篇。现承担国家社科基金重点项目课题、教育部财政部田径国家级教学团队、北京市学科与研究生教育等课题研究任务。